書山有路勤為徑
學海無崖苦作舟

書山有路勤為徑
學海無崖苦作舟

文經閣

法家智慧的人生99個感悟

秦漢唐◎著

建立強權霸國的智慧

法家中比較有名的是商鞅、申不害、慎到、韓非等幾派。特點各是：商鞅重「法」，申不害重「術」，慎到重「勢」，韓非集法家之大成，建立起以法為主，法、術、勢緊密結合的、完備的法治理論體系，豐富和發展了法家理論。

序言

春秋戰國時期，是思想空前活躍、文化極度繁榮的歷史時期。在這一時期裡，孔子、墨子、老子、孫子、孟子、莊子、韓非子等諸子並作，儒家、道家、法家、兵家、墨家等百家蜂起，出現了中國文化上的第一個高峰，並且，也由此奠定了中華文化的基本框架，為中華文化的發展奠定了堅實的基礎。在它們之中，法家是對後世影響最大的一派學說之一。

法家是一個主張法治的激進學派，它起源於春秋時期，形成於戰國年代，發展秦王朝的鼎盛時期，西漢後，法治思想與儒家思想融合，「德刑並用」成為地主階級的統治工具，獨立的法家就逐漸地消失了。

法家強調「不別親疏，不殊貴賤，一斷於法」（《史記．太史公自序》）。主張強化君主專制，以嚴刑峻法治民。在諸子百家中，「論制入髓，為文刺心」的當屬法家，飽受爭議、被後人看作洪水猛獸的也仍然是法家。

法家中比較有名的是商鞅、申不害、慎到、韓非子等幾派，還有吳起、管仲、子產等人，都有法家的思想傾向。他們的特點是：商鞅重法，申不害重術，慎到重勢，韓非集法家之大成，建立起以法為主，法、術、勢緊密結合的、完備的法治理論體系，豐富和發展了法家理論。

為了適應現代社會快節奏的生活方式和讀書習慣，讓讀者更全面、更便捷地瞭解法家思想智慧，本書選取了《韓非子》、《商君書》和《管子》三部法家的主要代表作的部分內容，採擷其中最有影響、現今仍有活力和價值的名言警句，並附譯文和簡單的解析；更為了提高可讀性，在名言警句和譯文後配上經典故事，使讀者能夠輕鬆愉悅地理解先賢名言的智慧精髓。

法家
智慧

引言：法家思想簡介

一、法家學派概述

法家是先秦漢初主張法治的一個激進學派。它起源於春秋時期，形成於戰國年代，發展於秦王朝的鼎盛時期，西漢後，法治思想與儒家思想融合，成為統治階級的工具，獨立的法家逐漸消失了。

法家的起源很早。春秋時期的管仲、子產都有法家的傾向和特徵。西元前五三六年，子產在鄭國鑄刑書，這是中國歷史上最早公佈成文的法規。後來，鄧析又在鄭國修訂法律，刻在竹簡之上，史稱「竹刑」。李悝（約西元前四五五年－前三九五年）通常被看作是戰國法家之祖。他在魏國魏文侯支持下進行改革，強調以法治國，並著有《法經》一書，這是我國古代一部著名的法典。商鞅在秦國的變法，在某些重要內容上與李悝在魏國的變法有些相似，他所定的法律，也顯然受到《法經》的影響。據說，商鞅到秦國去謀出路時，就是帶著《法經》而行的。

還有一位改革家吳起（？－前三八一年），吳起在楚國受到楚悼王的重用，擔任了楚國最高的官職——令尹，主持了楚國的變法，他主張「損有餘而補不足」，削弱大臣、封君的權勢，限制他們的利益。採取果斷措施，精簡「無能」、「無用」的官員，裁汰那些「不急之官」。吳起在楚國的變法的時間不長，變法的成果還未得到鞏固，就被害了。

法家中比較有名的是商鞅、申不害、慎到、韓非等幾派。他們的特點是：商鞅重法，申不害重術，慎到重勢，韓非集法家之大成，建立起以法為主，法、術、勢緊密結合的、完備的法治理論體系，豐富和發展了法家理論。

商鞅推崇「法」，也就是依法治國。他在秦孝公的支持下，進行了一系列比較成功的立法、行法的改革，為秦國的強大奠定了基礎。

申不害強調「術」。申不害（約前三九五—前三三七年）是鄭國人，曾在韓昭侯時任相十五年。為政期間，內修政教，外應諸侯，曾使韓國一度「國治兵強」。作為法家的一個代表人物，他認為法治從根本上說就是「術」。

所謂術，無非就是「因任而授官，循名而責實，操殺生之柄，課群臣之能」。也就是說，君主要善於操縱臣下，用各種手段監督他們，把他們的升降甚至生死都牢牢地掌握著，這樣，君主就好當了，統治就得心應手、毫無困難了。

申不害完全從技術觀點來看君主對統治權的運用，在他看來，統治術是一種特殊的技術，甚至是一種藝術，是君主統治民眾的技術，這種「術」幾乎就是陰謀的同義語，因為它玩的是人。由於申不害把著重點放在「術」上，對統一法令、加強法治等有關「法治」能否推行的重要問題認識不足，以致使韓國的改革運動不如秦國徹底，被韓非稱為「徒術而無法」的典型。從現代系統論的觀點看，陰謀多了肯定是不行的。術，給予智者以更多機會和便利，也使政治領域的偶然性更容易勝過必然性而起作用，到了一定的時候，往往國君也會智窮術乏，陷於困境。

慎到強調「勢」。慎到（約前三九五—前三一五年）是趙國人，曾在當時赫赫有名的齊國稷下學宮講學。號稱「稷下先生」。慎到主張治理國家必須實行「法治」，而實行「法治」就得尊法、尚法。作為法家的主要理論家，其勢治理論，備受人們關注。他認為君主持國的奧秘不在別的，而在於「勢」。勢，是由法權構成的，一有權，二有法。君主擁有了權和法也就擁有了勢。他把君主與權勢比喻為飛龍和雲霧，飛龍有了雲霧才能高飛，君主有了權勢，即使像桀那樣昏庸，也能令行禁止；如無權勢，即使像堯那樣賢能，也無法管理百姓。君主沒有權勢，法律就不能得以推行，推行法令只能靠「勢」，而不能靠「德」，所以他反對儒家的「德治」。他還主張，國君不做具體工作，具體工作在「事斷於法」的前提下應按其所能讓臣下去做，以充分調動臣下的積極性。

慎到的尚勢思想，不但為推行當時新興地主階級的「法治」提供了理論根據，而且對法理學的發展也具有重要意義。歷代統治者都知道「勢」的重要性。嚴格的等級制度，巍峨的宮殿，高置的龍座，威嚴的儀仗，動輒讓三公九卿下跪的聖旨，無不是「勢」的具體化。

韓非集法家之大成，形成了法、術、勢相統一的理論體系。法、術、勢有機結合的法治思想的踐行，取得了很大成功，在中國歷史上具有深遠的影響，秦王嬴政十分讚賞韓非的這種思想，踐行這一思想的結果，使秦國開始強大起來，最終統一了中國，建立起了中國歷史上第一個大一統的王朝，秦王嬴政也因此稱為秦始皇。從秦始皇到清朝的末代皇帝溥儀，雖然朝代改了又改，京城遷了又遷，治國之法變了又變，但秦朝形成了的官僚帝制沒有變，法、術、勢相結合的法治思想沒有變，始終成為帝王將相統治民眾的思想武器。

從漢武帝「罷黜百家，獨尊儒術」開始，儒家學說逐步成為封建統治階級的正統思想。兩漢後，法家思想融入儒家，德刑並用成為地主階級的統治工具，獨立的法家逐漸消失。法家著作主要有《商君書》和《韓非子》等，它們作為歷史文化遺產和先行者的思想材料而存在，為後世各派勢力所利用。

二、主要代表人物生平

在春秋戰國這一特殊歷史變革年代，法家人物可謂是群星燦爛。他們多數是政府官員和有志於涉足官場的人，在社會上從事政治活動，或行政治國，或爭權奪位，或著書立說。作為知識分子，他們在實踐的基礎上總結了一套曾經在當時行之有效的經驗和理論，逐漸成為一個系統。其主要人物有管仲、子產、李悝、吳起、商鞅、慎到、申不害、韓非等人。這裡主要介紹商鞅和韓非二人。

商鞅的生平

商鞅（約前三九〇—前三三八年），這個在秦國政壇上舉足輕重的人物，既不姓商，也不是秦國人。商鞅原名公孫鞅，即姓公孫，字鞅。出生於戰國時期的衛國，也稱「衛鞅」。由於他大功於秦，而被秦國國君秦孝公以於、商之地相封。正因為商是公孫鞅的封地，所以，人們就習慣於稱他為「商鞅」。

商鞅的一生，可謂是大有作為的一生，人們稱讚他是思想家、改革家、軍事家，他對人類歷史的主要貢獻有兩大成就：一是首次提出並建立了法治思想體系；二是在中國形成了官僚政治體制。因此，商鞅變法被看作是中國從奴隸社會向封建社會過渡的標誌。

商鞅的為人，歷史上有各種各樣的評價，概括起來主要有如下三點：

第一，貪權無情，刻薄少恩。貪權無情，刻薄少恩，幾乎是所有法家人士的共有秉性。但商鞅把它發揮得淋漓盡致。商鞅的一生是弄權作法的一生，離開了權和法，他是無法生活下去的。就在秦孝公去世前五個月，一個名叫趙良的貴族，告誡商鞅，他得罪的人太多，有朝一日總會被報復的，不如激流勇退，離開自己的封地，離開咸陽，離開秦國的政治中心，才可以保全自己的性命。的確，商鞅的所作所為太無情，缺少「恩惠」，在他看來，只有秦孝公可以作為實施法治的例外，其他一律按法律辦事，像公子卯、公子虔、甘龍、杜摯等王公貴族都逃脫不了他的懲罰和嬉弄，更何況一般平民百姓呢？結果不出趙良所料，秦孝公去世後不久，商鞅便遭到車裂之刑。

商鞅

第二，傲視民眾，不貴學問。商鞅的基本政策之一就是「愚民」。在他看來，如果民眾愚蠢，那麼，少數統治者憑著智慧就可以加以控制和利用；若民眾有了智慧，那就麻煩多了。所以他明確地說：「民愚易治。」他還認為，民眾的頭腦很簡單，就是「飢而求食，勞而求逸，苦則索樂，辱則求榮」。民眾的責任就是耕種、殺敵，其他什麼事情都不要想，做好了，就可獲得爵位、官職、土地等，做不好，就要受到懲罰。在對待知識的問題上，他持排斥、敵視的態度。他認為強國之術不應包括對國民的教育，知識只能掌握在極少數人手中，要是民眾有了知識，統治者的欺騙伎倆就容易被人識破。這樣的話，國君就不好控制民眾了。

第三，崇實反虛，功利至上。商鞅十分強調務實，而對虛深惡痛絕。在治國方略上，他認為「國好言談者削」，一個國家只是空談虛言，那就要削弱的。他多次明確表示要堅決反對「煩言飾詞」，即反對所有不必要的廢話。把那些善辯之徒看成是製造亂子的人，絕不能讓這些巧言虛道者走上官運亨通的坦途。在生活上，他認為，有衣服穿就很不錯了，根本不需要追求式樣和顏色。而音樂這一類文化娛樂生活，最好不要。在人生觀上，他認為功利至上。他說：「有飢寒死亡，不為利祿之故哉，此亡國之俗也。」即人生的目的應當是為了利祿，而且是人人為利祿而奔忙競爭，要不然的話，國家就會毫無希望。為此，社會也應該確立這樣的激勵機制，使任何人有可能透過對國家做出貢獻而獲得他應有的物質利益和社會地位。對商鞅來說，利祿高於一切，為了利祿，可以不顧一切、可以無所不為。

韓非的生平

韓非（約前二八〇年　前二三三年），出身於貴族世家，是韓國的公子，家境地位很高，而且，他是著名儒家大師荀況的學生，和後來做了秦王朝丞相的李斯一起學習、切磋過。不過，他沒有繼承荀子的儒家思想傳統，而受法家前輩的影響，吸取、綜合他們思想的精華，成為那個時代法家學派的傑出代表。

古人常說，人死而不朽的途徑有三：即立德、立功、立言。韓非以立言而不朽。他先天口吃，不善言談，而文章卻寫得洋洋灑灑，辭鋒犀利，論理透闢，氣勢不凡。他目睹韓國不以法治國，不以權勢駕馭群臣，不舉賢授能以富國強兵，反而重用虛誇圖名之輩。韓國日漸削弱，於是他多次上書韓王，勸其變法圖

韓非

強，但韓王沒有採納他的主張，所以韓非在自己國內沒有被重用。《史記》對此這樣描述道：「非見韓之削弱，數以書諫韓王，韓王不能用。於是韓非疾治國不務修明其法制，執勢以馭其臣下，富國治兵而以求人任賢，反舉浮淫之蠹而加之於功實之上。以為儒者用文亂法，而俠者以武犯禁。寬則寵名譽之人，急則用介胄之士。今者所養非所用，所用非所養。悲廉直不容於邪枉之臣，觀往者得失之變，故作《孤憤》、《五蠹》、《內外儲》、《說林》、《說難》十餘萬言。」司馬遷的這一評述道出了韓非著《韓非子》的原因。

雖然韓非沒有縱橫家口若懸河的演講之能去謀取高位，但他那文采飛揚的文章卻給韓非帶來了施展其才華的機遇。他的著作傳到秦國，得到了秦王的仰慕。《史記》中說：「人或傳其書至秦。秦王見《孤憤》、《五蠹》之書，曰：『嗟乎！寡人得見此人與之遊，死不恨矣！』李斯曰：『此韓非之所著書也。』秦因急攻韓。」意思是說，韓非的《孤憤》、《五蠹》傳到秦國，秦王嬴政讀了以後十分讚賞，感嘆：「我要是能見到此文的作者並和他交個朋友，死也無憾了。」剛巧李斯在他身邊，聽了這話，順勢說：「這是韓國的公子韓非寫的。」秦王嬴政緊急發兵攻打韓國，只有一個要求，就是得到韓非。韓非在韓國不受重用，韓王有他無他沒什麼關係。在秦軍兵臨城下之際，便拱手把韓非交給了秦王。

在秦國，秦王很喜歡韓非，但不信任他，更談不上重用他，他就像秦王的一件稀世古玩，陳設在架子上，只是茶餘飯後觀賞一下，或來人之時作為炫耀之用。然而即使這樣，仍有人怕他、恨他，希望將其置於死地而後快。這人就是李斯和姚賈。

李斯忌妒他，是因為李斯自認為才能不及韓非，怕秦王重用韓非而輕視他；姚賈對韓非不滿，是因韓非曾批評他不應該用財物賄賂燕、趙、吳、楚四國，並嘲笑他出身卑賤。李斯、姚賈聯合起來在秦王面前詆毀韓非道：「韓非，韓之諸公子也。今王欲並諸侯，非終為韓，不為秦，此人之情也。今王不用，久留而歸之，此自遺患也，不如以過法誅之。」（《史記》）秦王聽信他二人的讒言，將韓非打入監獄。李斯抓住這個絕好的機會，派人送毒藥給韓非，要韓非自殺。韓非想見秦王為自己申訴，李斯、姚賈從中作梗而不能，不得不含憤自殺，在異國他鄉結束了自己的一生。

秦王後來後悔了，叫人去釋放韓非，可惜韓非已魂歸故里。可憐韓非遠離故國家鄉，曾以為以自己的才華為自己謀得一官半職，踐行自己的政治理想和人生抱負，結果卻是：因秦王賞識而離鄉背井，因同僚嫉恨而客死他鄉。

韓非的一生，雖沒有輝煌的政治業績，但卻留下了十餘萬言的政治理論、治國方略，後人輯為《韓非子》，又稱

《韓非》。

《韓非子》是一部帝王書，在這本書裡，春秋以來的法家思想得到了高度的融合和創造性的發展，它勸誡帝王應該怎麼樣，不應該怎麼樣，宗旨只有一個：如何治國安邦——大到天子，小到諸侯，如何才能雄踞君主之位，不發生動搖，並避免自己身亡國滅。全書共分五十五篇，但據考證，有幾篇不是韓非所著，可能是後人纂集《韓非子》時，修改湊合成篇的。不管怎麼說《韓非子》一書大部分是出於韓非之手是肯定的，主要代表作有《五蠹》、《六反》、《顯學》、《揚權》等篇。

韓非的為人，突出表現在以下兩點：一是韓非為君主而活著，而不是為自己活在世上。他滿腦子的智慧，都用於設身處地為君主著想，幾乎從來不談作為一個普通人怎樣生活，遺憾的是他連君主的重臣都不是，使他這個一貫反對空談的人還是淪為空談。他為君主而死，原因是他不善言辯。他深知遊說之難，為人謀劃正確的遊說方法，卻不能在秦王面前為自己辯說，最終未能擺脫遇害而亡的禍患。但他的書被秦王讀到心裡去了。秦王實踐了韓非的理論，把他的法術勢思想發揮得淋漓盡致，席捲天下，囊括四海，建立了秦王朝，統一了全中國，在中國歷史上寫下了光輝的一頁。這足可告慰韓非九泉之下的亡靈。二是韓非自視很高。從他的一整套理論中，讓人覺得只要採納了他的主張，君可以成為賢君，國可以成為強國。雖然他沒有說自己的胸懷和抱負，但時時都讓人感到，他要做的是霸王之佐。

三、法家的思想智慧及評析

法家思想是中國古代思想寶庫中一顆耀眼的明珠。其學說的智慧至今仍有許多積極的影響，它留給後人的啟示是多方面的。這裡我們就透過商鞅和韓非的思想智慧介紹，來管窺法家的思想寶庫。

一・商鞅的思想智慧及評析

（一）不法古、不循今的社會發展觀

法家是在新興地主階級推翻奴隸制，建立和鞏固封建制的鬥爭中產生和發展起來的一個思想政治派別。因此，他們在哲學上首先面臨的課題是如何看待歷史；如何看待古與今；如何對待社會變革等重大問題。法家主張，歷史上沒有永恆不變的制度，時代變了，制度也應該改變，既反對復古，又要改變現狀，要創新，只有這樣，社會才能進步，才能發展，否則社會將停止不前。

商鞅的觀點最具有代表性。他認為歷史是一個發展的過程，不應法古。「聖人不法古，不循今。法古則後於時，循今則塞於勢。」（《商君書・開塞》）「法古」就是復古守舊，「循今」就是拘於現狀，都是傾向保守落後的形而上學思想。商鞅把是否符合時代的要求和歷史的趨勢，作為反對循禮守舊、堅持變革的理論依據。

他說：「聖人知必然之理，必為之時勢，故為必治之政，戰必勇之民，行必聽之令」（《商君書・畫策》），這是強調社會歷史的發展具有必然之理，據此來「為必治之政」，「行必聽之令」；實際上是認為一切社會制度的建立和改革，是順應不以人的意志為轉移的客觀規律。

商鞅不但用「必然之理」作為變法運動的一般理論根據，並且還從歷史進化的事實中找到證明。他在《商君書》中向人講述著遙遠的傳說。在遠古的昊英時代，昊英號召人們「伐木殺獸」生活，那時到處是

森林，野獸很多，而人卻很少。到了黃帝的時候，就不准人們捕殺幼獸，不准取食鳥蛋，死了人的不准用多層的棺材作為葬具……他從昊英講到黃帝，又講到神農，得出結論：由昊英到黃帝再到神農，時代變了又變，所以他們各有各自的政令，都能適合時代的變化；從「上世親親而愛私」，到「中世尚賢而悅仁」，再到「下世貴貴而尊官」，概括出各個階段都有各個階段的特點和任務，說明社會是向前進化的。從而明確提出：「治世不一道，便國不必法古。」「各當時而立法，因事而制禮。」「苟可以利民，不循其禮。」（《商君書·更法》）他堅持這些變法改革新思想，並且付諸實際行動。

不法古、不循今就必須改革，改革的整個過程充滿了激烈的鬥爭，這是新舊制度矛盾發展的必然結果。「商鞅變法」首先遇到的爭辯是與甘龍、杜摯之爭。

甘龍認為：聖人是不改變人民的禮俗來施行教化的，智者是不搞變法來治理國家的；按照人民的習慣來進行教化，不費功夫而功效明顯。依據成法來進行統治，官吏熟悉而人民安定。如今要變法，不按老規矩辦，換一套辦法約束人民，恐怕天下都要議論甚至笑話國君的。

商鞅則針鋒相對，他認為：常人安於守舊，學者為有限的知識所束縛，憑這兩條，都只能當官守法，而難於超越於成法之外，有較高明的見解。夏、商、周三代，禮制不同，但都可以為王；春秋五霸，作法不同，但都稱了霸。所以智者制定了法度，而愚者為法所制，跟拘泥於禮制的人是不好談大事的，和為法所束縛的人是講不通變革的。

杜摯又認為：「利不百，不變法」，即沒有百倍的利益，就不變更法度，沒有十倍的功效，就不更換器具。

商鞅則反擊道：前世的教化並不一樣，我們效法誰者呢？古時帝王的作法也不是再因襲的，我們又以誰的禮法為準呢？在變法過程中也遇到重重阻力和鬥爭，尤其是和王公貴族的鬥爭幾乎到了白熱化的程度。貴族們為了破壞變法，竟煽動成千人到京城鬧事，並唆使太子犯法。商鞅不顧冒犯太子，竟果斷地對太子的兩個老師分別處以「劓」、「黥」刑，同時嚴厲地鎮壓了破壞變法的頑固勢力，把那些「亂化之民」盡遷邊地，從而保證了新法貫徹執行，最終商鞅變法在秦孝公的支持下取得了勝利，但他因變法而得罪了眾多的王公貴族，而又成了這場鬥爭的殉葬品。

商鞅的歷史觀給我們以下兩點啟示：

其一，不法古、不循今就必須向前看，要創新。自古到今，沒有一成不變之法。也不能絕對地劃分什麼「古法」、「今法」，應該根據實際情況來確定政策和辦法，切實可行之法，即是好法。當老政策、老辦法已經不頂用了時，就需要向前看，要創新，特別是在我們這個快速發展的世界，新事物新問題層出不窮，有許多事情在古代、在以前是找不到先例的，也就根本無法向我們提供任何可供借鑑的經驗。如果不能及時地變革、創新，而墨守成規，就不會有所作為，

商鞅封邑

甚至會造成損失。

其二，不法古、不循今就會有風險，化解風險的關鍵在於掌握「萬物之要」。變革、創新可能成功，可能失敗，這是歷史發展的必然規律，所以不法古、不循今就要求承擔失敗的風險。承擔這種風險，一要有勇氣，二要努力化解風險。社會是最複雜的系統，一個環節出現問題，就可能導致改革失敗。從歷史上看，改革失敗的例子不勝枚舉。一個改革者的知識能力是極其有限的，而要知的事、要辦的事又很多，如何把要辦的事辦好，其關鍵是抓住「萬物之要」。俗話說，牽牛要牽牛鼻子，打蛇要打在七寸上，講的就是這個道理。商鞅變法成功了，關鍵是抓住了「耕戰」這個要點。

（二）以法治國的法治思想

實行以法治國是商鞅思想的核心。他認為實行法治是歷史發展的「必然之理」，也是現實社會「必為之時勢」。為了推行法治，首先必須「立法分明」。法是判斷是非功過和施賞罰的唯一標準，萬民百姓都得一體遵行。他說：「法者，國之權衡。」「君臣釋法任私必亂。」「法之不行，自上犯之。」（《商君書·修權》）因此君主要帶頭嚴格守法，切實做到「言不中法者，不聽也；行不中法者不高也；事不中法者，不為也。」「不失疏遠，不違親近。」「刑無等級，自卿相將軍以至大夫庶人，有不從王令、犯國禁、亂上制者，罪死不赦。」（《商君書·修權》）君主的言行都以法為準繩，行賞施罰公正無私，不分親疏遠近，有功則賞，有罪則罰，對於有功農戰和告奸者一定給賞賜，特別要重點獎勵軍功。

其次，頒佈成文法，並解釋清楚，力求做到家喻戶曉。「為法，必使之明白易知。」（《商君書·定分》）「萬民皆知所避就」，「吏不敢以非法遇民，民不敢犯法以干法官。」（《商君書·定分》）

再次，法令頒佈後，嚴格執行，使人們對法有信心。「民信其賞，則事功成；信其刑，則奸無端」（《商君書．修權》）。

最後，為使法令順利推行，必須「尊君」，「君尊則令行」。「權者，君之所獨制也。」（《商君書．君臣》）君主要集權於一身，只有「秉權而立」（《商君書．壹言》），方可「垂法而治」。

總覽商鞅的法治思想大約包括以下五個方面：

第一，法是治國三要素——法、信、權中的要中之要。商鞅認為，法是君臣共同遵守的；信是君臣共同確立的，只有權，才屬於君主，由他單獨掌握。君與臣，無論是誰，都不能「釋法而任私」，不能「以私害法」，如果出現這種情況，國家必亂。權屬於國君，但要依法用權，法與信，為君臣共有，誰都不能違背，這樣，國家就會有良好的政治秩序。可見，法在治國中的地位是何等的重要。

第二，君主以法為準繩來行使自己的權力。商鞅主張君主要有絕對的權威，君主必須牢牢掌握權力，並對全國實行有效的統治，他說「權制獨斷於君則威」，這就是說君主的權力是不容許旁落的，國家的大計必須由他一個人說了算。但是，君主不能法外行事，不能胡來。這樣，商鞅要讓君主在權力、權勢之外，再獲得一個質的規定，那就是要有法、依法。「明主慎法制，言不中法者，不聽也，行不中法者，不高也，事不中法者，不為也。」（《商君書．修權》）這就要求君主一切都要以法為制約。雖然他還沒有明確提出對君權的制約問題，但他是主張以法來限制君權。在商鞅看來，君主只能依法行事，與民眾一樣，無權做任何違法的事情。國君固然重要，固然不可或缺，但沒有法與沒有君同樣是不行的。所以，商鞅政治思想的核心是法治，沒有法斷然不可。

第三，使民知法守法。商鞅之法，對於民眾原則是「求過不求善，借刑以去刑」，強調刑罰，主張嚴厲。商鞅倒也並不諱言於此，他承認法的目的是勝民、制民，而絕不能讓民勝法，「民勝法，國亂」。為了讓民眾知法、守法，商鞅主張在法的問題上不搞神秘主義，而提倡公開性，他提出要把法告訴人民，讓民眾懂得法實際上是為了愛護人民，從而使人民知法懂法守法。所以法律法令要明白易懂，甚至還主張進行法治宣傳和法治教育。據記載，秦孝公去世後，商鞅遭人誣告，被迫逃出咸陽。在逃亡途中，他到一處客店投宿，因無證件，而被拒絕住宿。店主對他說：「不是我不想讓你住下，這是商君定下的法令，旅店不准收留沒有證件的人，否則就要治罪。」可見其法律是何等的深入人心！

第四，有法必依。商鞅為秦國設計了一個依法治國的理想模式。但他也清醒地看到，法律制定出來後，並不一定能真正得到切實執行。為此，他鄭重而明確地提出了「壹刑」的思想，即有法必依。商鞅以「刑無等級」，「行法無偏」來解釋「壹刑」，這就是說不管是誰（國君除外），同罪同罰，不分親疏貴賤，只要觸犯國禁，做亂法之事，就要同罪同刑，絕不寬赦。依據「壹刑」的原則，商鞅對敢於與新法作對的地位很高的人物也動了刑具。公子虔兩度受刑，後一次被割了鼻子，公孫賈臉上被刺字，以後有八年不敢出門。包括商鞅本人也未能倖免，後被秦惠文王處以車裂之酷刑。

第五，設置「法官」。商鞅主張，在中央即天子周圍，設置三法官：一設於宮廷中，即最接近國君的一個；二設於御史和丞相那裡；三設於諸侯、郡、縣。這些法官的職責有二：其一，「吏民（欲）知法令者，皆問法官」。群眾讀書少，甚至不識字，要知法就去找法官；其二，如果有官吏為非作歹，「遇民不修（當為循）法，則問法官，法官即以法罪告之」。做官的不好好為官，法官就對其提出起訴。這實際上就是法律諮詢、法律監督的思想。如果各級官吏「以非法遇民」，即不按照法律對待民眾，民可以去向法官瞭解有關的法律規定，法官把官吏哪些地方違犯了法告訴他們，他們再把法官的意見正告給官吏，迫使其改正錯誤，依法辦事。這樣一來，民眾不敢犯法，官吏也不敢枉法了。

商鞅在法律思想上與前輩不同之點就在於，他以「重刑」著稱於世，公開主張「禁奸止過，莫若重刑」（《商君書．賞刑》），並針對儒家的「以德去刑」，提出「以刑去刑」的主張。在他看來，禁奸止過，不但不能用輕刑，即使重罪重罰、輕罪輕罰也不行。他說：「罪重刑輕，刑致事生，此謂以刑致刑，其國必削」；「重其重者，輕其輕者，輕者不止，則重者無從止矣」（《商君書．志強》），只有重其輕者，即對輕罪用重刑，才能使「輕者不至，則重者無從至矣」。這樣就可以達到「以刑去刑，刑去事成」（《商君書．靳令》）的目的，使「民莫敢為非」，「一國皆善」。他認為，德治只能助長奸邪而帶來「以刑致刑」的惡果。商鞅重刑思想為了實行嚴刑峻法立論。秦始皇具體落實了這一理論，並將商鞅的片面性絕對化的重刑理論推向了極端，結果導致秦王朝二世而亡。

商鞅因變法而死，但「秦法未敗」，為秦始皇的統一事業奠定了基礎。王充說：「商鞅相秦，為秦開帝業。」（《論衡．書解》）商鞅不僅是先秦變法卓有成效的政治家，而且是形成法家思想體系的重要奠基者。他以重法著稱，自成一派。輯錄、記述商鞅思想的《商君書》從秦末一直流傳至今。

商君書卷第一　西吳嚴萬里叔卿校本
更法第一
孝公平畫公孫鞅甘龍杜摯三大夫御於君慮世事之
變討正法之本求使民之道
君曰代立不
忘社稷君之道也錯法務民主張臣之行也今吾欲變
法以治更禮以教百姓恐天下之議我也公孫鞅曰臣
聞之疑行無成
疑事無功君亟定變法之慮
殆無顧天下之議之也且夫有高人之行者固見負於

二・韓非的思想及評析

（一）韓非的歷史觀

韓非繼承了商鞅等前期法家關於古今異勢、因時變法的思想，並深入吸取了老子和荀子等人的觀點，提出應根據盛衰存亡之理來「變古易常」，主張「美當今」，反對「法先王」。

韓非把歷史的發展分為上古之世、中古之世、近古之世和當今之世。上古之世指的是有巢氏構木為巢、燧人氏鑽木取火的時代。那時候，人食草木之實，衣禽獸之皮，連當「天子」的人也住茅屋，吃粗飯，喝菜湯，生活還比不上現代的監獄裡的犯人，所以人們不爭財貨，輕讓天子。

中古之世指的是鯀、禹治水的時代。大禹親自拿著工具，帶領人民治水，弄得大腿無肉，小腿無毛，生活比奴隸還苦。近古之世指的是湯、武的時代。當今之世就不同了，人口增加了，沒有自然的生物可供衣食，生活都靠生產。「是以民眾而財貨寡，事力勞而供養薄，故民爭，雖倍賞累罰而不免於亂。」可是另一方面，也有富貴之人，一個縣令死了以後，子孫累世還坐馬車。因此，「輕辭古之天子，難去今之縣令者，薄厚之實異也。」（《韓非子・五蠹》）

針對以上各歷史階段，他總結道：「古人亟於德，中世逐於智，當今爭於力」（《韓非子・八說》），或者是「上古競於道德，中世逐於智謀，當今爭於氣力」。在當今的時代，列國相爭，沒有實力就不能自保生存。

「偃王仁義而徐亡，子貢辯智而魯削。」意思是說：偃王行仁義，結果導致徐國的滅亡；子貢好辯善空談，而沒有能使魯國避免削弱。靠「仁義」、「辯智」是保不住國家的。在當今的時代，民情也不同了。「如欲以寬緩之政，治急世之民，猶無轡策而馭悍馬」，意思是說：以寬容和緩的策略來治理動盪之世，就如沒有馬鞍和嚼轡來駕馭驃悍的烈馬一樣。靠「仁義」、「王道」並不能治理剽悍的人民。總之，時代不同了，歷史條件不同了，治國的法、術也不同了。

「今有構木、鑽燧於夏後氏之世者，必為鯀、禹笑矣。有決瀆於殷、周之世者，必為湯、武笑矣。然則今有美堯、舜、禹、湯、武之道於當今之世者，必為新聖笑矣。」（《韓非子．五蠹》）意思是說，如果在夏朝還有人在樹上築巢而居，鑽木取火，一定要遭到鯀和禹的譏笑；如果到了商、周的時代還把疏導江河作為最首要的事，一定要遭到商湯和周武王的譏笑；那麼，現在還去讚美他們的治國方法，並拿到今天來實行，也一定要遭到「新聖」的譏笑。可見，「法與時轉則治，治與世宜則有功」（《韓非子．心度》），即法與治都只有同時代相一致才能達到它們應有的功用。

可是「今世儒者之說人主，不善今之所以為治，而語已治之功；不審官法之事，不察奸邪之情，而皆道上古之傳，譽先王之成功」。意思是說，現在的一些人，只擅長於敘說過去治理的成功案例，而不善於分析解決當今的問題；不具體地審察奸邪違法之事，一味地嘮叨古人的作風，盛讚先王的統治，有什麼用？只能騙騙人而已。所以說，「故明據先王，必定堯、舜者，非愚則誣也」（《韓非子．顯學》），即動輒將堯舜拿出

來作為證據，這不是愚蠢就是故意騙人。

韓非講了兩個譏笑儒家「法先王」的故事。一個叫「守株待兔」。宋國有個種田的人，他的田裡有一棵樹。有一天，一隻兔子觸樹而死。這個農夫無意中得了一隻死兔子，高興得無心種田，他就丟掉耕具，守在樹下，還希望得到兔子。兔子沒有等到，他卻成了宋國的笑柄。韓非指出時事現狀是「多事之時」，「大爭之世」，因而，「今欲以先王之政，治當世之民，皆守株之類也。」（《韓非子．五蠹》）

另一個故事叫「塵飯塗羹」。小孩子玩遊戲，用塵土當飯，用泥漿當湯，用木片當肉，玩了一天，到晚上還要回家吃飯，因為塵土之飯、泥漿之湯根本不能充飢。「夫稱上古之傳頌，辯而不愨，道先王仁義而不能正國者，此亦可以戲而不可以為治也。」（《韓非子．外儲說左上》）

守株待兔不可取，默守先王成法也是這樣；遠古那些不真實的傳頌，先王那些仁義德治，可用來做遊戲，而不能來治國。在韓非看來，歷史條件發生了變化，統治措施也要做相應的改革。他說：「世異則事異，事異則備變」。「古今異俗，新故異備。」應該看到「事因於世」，做到「備適於事。」（《韓非子．五蠹》）韓非的這些觀點，對於商鞅以來地主階級的變法活動，做了有力的理論論證，反映了歷史發展的某些實際和戰國時期社會變革的客觀要求，是符合歷史發展的辯證法的。

（二）法、術、勢相結合的法治思想

韓非繼承了商鞅的「法」、申不害的「術」、慎到的「勢」，集法家之大成，構成了一套以「法」為主，「術」、「勢」相結合的政治學說。他說：「人主之大物，非法則術也。法者，編著之圖籍，設之於官府，而布之於百姓者也。術者，藏之於胸中，以偶眾端，而潛馭群臣者也。故法莫如顯，而術不欲見」（《韓非子・難三》），意思是說，法是國家的成文法令，應該公佈全國；術是君主駕馭群臣的權術，只能藏在心裡。有法有術，還要有勢。「堯為匹夫，不能治三個；而桀為天子，能亂天下；吾以此知勢位之足恃而賢智之不足慕也」（《韓非子・難勢》），強調沒有勢位，法和術都是空的。

「法」，旨在富國強兵。

治國要有法，行法就要有刑有賞。韓非認為國家與法律就是在「民眾而貨財寡」的歷史條件下，適應制止爭奪的需要而產生的。因為人人都是自私自利的，這種自私的本性不能透過後天人為的力量加以改變，「德」不足以止亂，所以治國必須用法。韓非舉例說明這個道理：讓君主監察所有的官吏，君主夜以繼日、日以繼夜，精疲力盡也達不到目的。如果把自己的才智用在制定法令上，以法治臣，就省力多了。君主守法，把天下控制在自己的掌心，聰明睿智的人不敢欺詐，陰險狡猾的人不能行奸，奸臣邪士沒有依託。即使他們遠在千里之外，也不敢心口不一地對君主說假話；在朝廷中再有勢力，也不敢掩飾別人的好品行來遮蓋自己的過錯。

手藝高超的木匠心目中有繩墨，一定是先以規矩為度。沒有規矩，方圓不能精確，手藝難以工巧。君主沒有法度，就像手藝高超的木匠失去了規矩，不能治臣，也談不上治國。

什麼是「法」？韓非總結如下：「法者，編著之圖籍，設之於官府，而布之於百姓者也。」（《韓非子・難三》）「法者，憲令著於官署，刑罰必於民心，賞存乎慎法，而罰加乎奸令者也」（《韓非子・定法》），就是說，法實際上是一整套成文的行為規範，它是公佈給民眾，讓民眾遵守的，但同時也規範政府行為。

「法」的基本特徵是「公」與「正」二字。「公」有兩層含義。一是公開、透明：「法莫如顯」，「明主言法，則境內卑賤莫不聞知也，不獨滿（瞞）於堂」（《韓非子．難三》）。在歷史上，將刑律條文「獨瞞於堂」的情形是確實存在的。在那種情形下，刑律實質上由執法者內部掌握。在「賢人」當政時尚可信任，而在更多時候則難免釀成大量冤案，而且隨著社會發展，人們迫切需要知道法律允許做什麼和禁止做什麼，繼續將法律「獨瞞於堂」是不合時宜的。所以鄭國子產率先鑄刑書，使法大白於天下，此後晉國范宣子鑄刑鼎，法的公開化遂一發而不可收。法的公佈，在客觀上提高了「小人」的政治地位，而打破了「君子」一手遮天的局面，從制度上講確是一種進步。

「公」的第二層含義是公認、公議、無私。法實質上是統治者的群體意志、集體觀念與社會共識。法一經確立，就具有代表公共意願的涵義，不容許任何個人以私意取代之。法家想得很認真：「法制禮籍，所以立公儀也，凡立公，所以棄私也。」（《慎子．威德》）「凡立法令者，以廢私也，法令行而私道廢矣。」（《韓非子．詭使》）法雖是人主之「柄」，但它一經頒行天下，就成為天下之程式、萬事之標準，不以君主個人的喜怒和反覆無常的性格愛好等為轉移，在這個意義上，愈是推行法治，愈是要排除私意對法治的干擾，完備的法治將不給私心留有餘地。

「法」的基本特徵，除了「公」，還有「正」。「正」也有兩層含義。一是不偏不倚，恰好適中。「法者，事最適者也，……法不兩適。」（《韓非子．問辯》）法作為一套規矩繩墨，它本身就應當是平的、直的，否則它無法「夷不平」、「矯不直」。同時，法與社會生活的合理態勢高度吻合，是「事最適者」，所以法之公「正」，可以歸結為對訴訟、行政乃至一般人事規律的正確把握與反映。二是不偏不袒，有嚴正的中立意向。法一經公佈，就應被君臣吏民一律遵守。法家希望：「不別親疏，不殊貴賤，一斷於法。」（《史記·太史公自序》）法家還提出「不阿貴」強硬口號，主張在法律面前人人平等，這就使法的公正不偏的特點帶有極大的政治尖銳性。

法家的法治強調的是法的鎮壓功能。法家崇尚嚴刑峻法，認為對付小罪錯，也應該從重從嚴，以迫使老百姓循規蹈矩，嚴格服從統治者的意志，他們反對把任何同情心用於治國之道，這就難怪後來人們批評他們「刻削少恩」了。司馬遷在《史記》中述及法家人物時，每每說他們「刻暴少恩」、「天資刻薄」等，這是準確的。然而韓非對於法家的「刻削」之道卻有他的解釋。他說：用重刑治百姓，才是真正的愛護百姓，用輕刑治百姓無異於誘使百姓違法犯罪，那才真正是害百姓。重刑能止者輕刑未必奏效，輕刑能止者重刑更能止，所以刑治必須立足重與嚴。只有把刑治推到極端，使百姓望而生威，不敢作奸犯科，才能使刑律本身高懸而不必動用，這就叫「以刑去刑」，這才是真正的愛民。這一套辯證法，聽起來不無道理，但也真使人毛骨聳然。

「術」，是謹防大權旁落的方法。

什麼是「術」？韓非認為，術是監督、考察、駕馭群臣的一套秘密方法。術的主要內容是考察官吏的智愚忠奸、基本特徵是不公開不透明，理論指導思想是名實之辨。

韓非認為「術」包括兩個方面的內容：一是君主掌握任免和考核臣下的方法，即「術者，因任而授官，循名而責實，操殺生之柄，課群臣之能者也。此人主之所執也」（《韓非子·定法》）。「術者，藏之於胸中，以偶眾端，而潛馭群臣者也」（《韓非子·難三》），這是辨別「智愚忠奸」的有效方法，既可覺察臣下是否失職，也可覺察臣下是否越權。如何考察群臣的智愚忠奸呢？

韓非認為，考察一個人的工作能力，必須把「言」、「事」、「功」放在一起，加以「審合」，而以「功」為根本的依據。他說：用人，不聽被任用的人談論，就不知道他有沒有智慧；不要他親自去辦一些事情，就不知道他的能力。考察言與行，不能偏廢，只聽他說，不看他做，冒牌貨會應時而生。賞罰要分明：對於臣下，君主要「以其言授之事，專以其事責其功。功當其事，則賞；功不當其事，事不當其言，則罰」。這樣就可以「臣有其勞，君有其成功」（《韓非子．主道》）。不僅要考察官吏的智愚，而且還要考察他們的忠奸，這一項更為重要。因為臣下無能頂多只是「濫竽充數」之類而已。奸臣則不同。奸臣是野心家、陰謀家，他們不擇手段地想控制君主，左右局勢，用一切機會圖謀不軌，甚至借君主之刀殺人；更嚴重者，可能架空君主或取而代之。他們是君權最主要的危險。

韓非總結了歷史和現實的經驗，歸納了八種成奸之術，並提出相應對策。他在《韓非子．八奸》中列舉了「同床」、「在旁」、「父兄」、「養殃」、「民萌」、「流行」、「威強」、「四方」等八奸後說：「凡此八者，人臣之所以成奸，世主所以壅劫，失其所有也。不可不察焉。」弄清了臣下的成奸之道，則識奸、防奸、反奸也就不困難了。比如針對「同床」之奸，君主就應該將享樂與政治區分開來，乃至禁絕夫人干政、後宮議政的傾向，嚴令治內等等。為了察奸，君主不妨用各種不可告人的陰謀權術，如「疑詔詭使」、「挾知而問」，「倒言反事」等來暗中試探，甚至可以用暗殺等手段對付臣下。

二是「術」的基本特徵是不公開不透明。「法必欲顯，而術不欲見。」法的公佈本身就是一種震懾，而術如果被察覺被識破，則徹底失去作用與威力。所以人主必須深藏不露，要注意杜絕臣下對君主的窺伺。「掩其跡，匿其端，下不能原；去其能，下不能意」（《韓非子．主道》），臣下揣摩不透君主的意思，就只好各行其是，現出本來面目，這樣，便於君主對臣下更好地進行觀察和瞭解，好像從暗處看明處，能將對方的毛病看得一清二楚。因此，君主務須顯得神秘無端、高深莫測。君主在聽言時可以裝糊塗，聽完彙報，要管住自己的「唇乎齒乎」，千萬不要先開口。因為總有些臣下，把精力集中於如何博得君主歡心上，他們總是刺探君主動靜，然後再以君王之好惡來決定自己該說什麼，不該說什麼。所以聽言過程中不宜有所表示，哪怕在容顏方面，也不要表露什麼。這不是故弄玄虛，而是君主權術的基本功。

君主還要替臣下的有關彙報保密。臣下有密奏，尤其不能洩露，否則臣下必有顧忌，誰還敢近前？如果君主「淺薄而易見，漏洩而無藏，不能周密，而通群臣之語者，可亡也」（《韓非子．亡徵》）。不善保密那是要掉腦袋的。政治鬥爭從來都是殘酷無情的，這對君主亦不例外。可見，玩弄政治權術，訣竅全在於隱秘二字。「事以密成，語以洩敗」，該公開的要公開，該隱秘的要隱秘，隱秘是更深層的東西，它是成功的關鍵，只有深藏，才能在權力和利益的角逐及人際的勾心鬥角中高屋建瓴，掌握主動權。

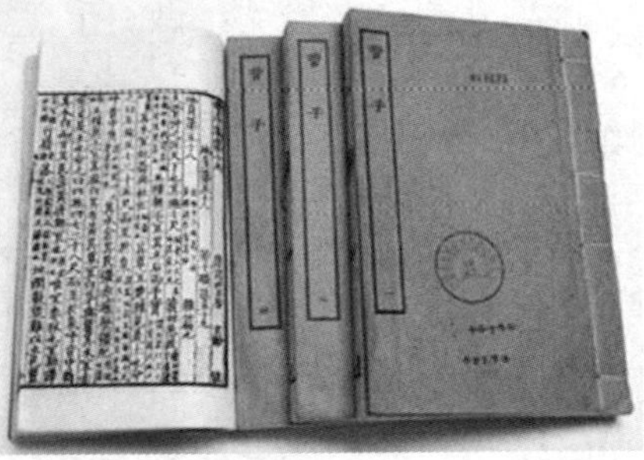

術的運用之妙，完全存乎己心。法愈透明愈好，術愈隱秘愈佳。正因為法與術分別具有透明性與不透明性兩種相互對立的基本特徵，所以二者才能在強化權勢的過程中相互補充，共同發揮作用。怎樣才能保持不透明性？韓非提出「君道無為」的原則。即君主從一線工作中抽身，專以「虛靜」為本，聽言後不一觸即發，做決定要在不喜不怒之時，客觀上少犯錯誤，使人覺得「高山仰之，不可極也，深淵度之，不可測也」（《管子．九守》），使人捉摸不透；君主切忌爭強好勝，謹防自驕、自智、自奮，否則臣下將「捨職而阿主之好」，結果「主勞臣逸」，剛好弄個顛倒。所以君主要從根本上「去其智，絕其能」，做到無知無慾。當然，愈是無為，愈是要注意保持頭腦清醒，做到內緊外鬆。從表面看君主無動於衷，甚至渾渾沌沌，但骨子裡君主應有一本帳。愈是胸中有數，愈是淡然無為，愈是應該做到大事不糊塗。可見「無為」是大有學問的，要真正做到無為，就得戰勝自己，還得把握好分寸，實在不是一件容易的事。

法家之「術」是陰謀之術，體現著封建政治生活中的陰謀面，同時又包含著重效驗、不自恃等合理原則，應加以揚棄。

「勢」，是強權理論的核心。

「勢」指的是君主所處的那種凌駕於社會之上的特殊地位。勢就是權力的延伸，有權即有勢，這是君主得以「勝眾」的根本保證。在傳統社會，權是令人生畏的字眼，它能教人死，教人生，所謂「生殺予奪」都圍繞一個「權」字。君主的原則是確保權力，臣下的目標是分享權力，乃至篡奪權力。行法有術，都靠緊握權勢。勢就是力，內可鎮壓反抗，外可抵禦侵略。所以法家說：「國之所以重，主之所以尊者，力也。」（《商君書．慎法》）「是故力多則人朝，力寡則朝於人，故明君務力。」（《韓非子．顯學》）法家認為政權實質就是暴力，國家實際是暴力體系。這些話是客觀的、準確的、深刻的。

勢與法、術是內在相通的。勢離不開術，有權就有術，無術則難免大權旁落，丟權失勢。勢也不能離開法，有嚴法才有威勢。所以說「抱法處勢則治，背法去勢則亂」（《韓非子．難勢》）。

權勢的威力在於「一」。同一種權力最忌諱有「兩」：「毋馳而弓，一棲兩雄。」「一家二貴，事乃無功。」

夫妻持政，子無適從。」「明主之所導制其臣者，二柄而已矣。二柄者，刑、德也。何謂刑、德？曰：殺戮之謂刑，慶賞之謂德。」（《韓非子·揚權》）君與臣不能共權而治。韓非警告君主，要防備所謂「奸劫弒臣」。

在《韓非子·二柄》中，韓非子透過兩個故事來闡述這一道理，一個故事是說君主失德：

齊景公和晏子在水玩，兩人登上高臺，回頭看到國家都城，齊景公欣然感嘆道：「真美啊，這樣壯大、輝煌，後代誰將享有它呢？」晏子回答道：「大概是田成氏吧。」齊景公說：「我統治這個國家，而你為什麼說田氏將享有它呢？」晏子說：「田成氏很得人心，他向君主請求官職俸祿然後給群臣，用大斗把糧食借出去而用小斗收回來。殺一條牛，自己只取一點點，棉布、絲綢自己也只用兩套，其餘的都送給門客。您收取賦稅，田成氏大量施捨。齊國曾經遇到飢荒，餓死了不少人，老百姓都投奔了田成氏。田成氏的恩德使老百姓為他載歌載舞，民心所向，所以說以後享有齊國的是田成氏。」齊景公聽了，不禁流下了淚水。這是田氏有德而齊景公失德。這種情形延續到齊簡公，簡公被田成氏殺死，田氏執掌了齊國。

還有個君主失刑的故事：宋國有個大臣叫子罕。一天，子罕對宋國的國君說：「封官賞賜一類的事，是老百姓所喜歡的，您親自辦吧。殺戮刑罰一類的事，是老百姓所厭惡的，請讓我來辦吧。」宋國國君一聽，這個主意不錯，自己可以得到善良的名聲，而不會被老百姓指責為兇狠殘暴，於是答應了。宋國國君行德，子罕行刑，子罕就有了君主的威嚴。時間長了，宋國國君遭到子罕劫持。

刑德是君主之道而不是大臣之道，不能把君主之道變成大臣之道。

正像不主張效法先王一樣，韓非吸取前人的法治思想，也沒有簡單地照搬，而是用一種批判的精神，繼承發展了前期的法家思想。他說商鞅知道用法而不懂得用術，說申不害懂得用術而不知道用法，將商鞅、申不害的優點和慎到的勢位思想融為一體，就構築了「以法為本」，法、術、勢結合的完整思想理論體系。正因為此，他的理論被後人評價為法家思想的集大成，豐富和發展了法家理論。

法、術、勢在治理國家的過程中，缺一不可。社會不斷發展變化，國家興盛衰敗的現象總是存在。任何一個君主保持國家在發展變化中長盛不衰的途徑是執行法令。法令是國家的根本，就像人們所說的那樣，家有家規，國有國法，沒有規矩不成方圓，沒有法令不成國家。法是治國的規則，就如同規圓矩方、鏡明衡平一樣，用它們來規範生活中相應的行為，以免左右搖擺，叫人無所適從。以法治國是同樣的道理。術，是手段，是技術技巧，是君主掌握的。有了它，君主就能操生殺的大權，並能考察群臣的才能；沒有它，君主就會受群臣的蒙蔽，從而掌握不了臣民。

勢，是指權勢和威勢。農作物憑藉土壤才能生長，雲彩憑藉天空才能夠升騰，作為君主必須憑藉自己的德行、能力和權勢才能統治國家，在這裡權勢大於人的德行和才能。君主沒有權勢，有德行和才能也形同普通百姓一般。威勢是君主的筋力。馬能夠馱負重物，拉著車子到遙遠的地方，憑藉它的筋力；擁有上萬輛或上千輛兵車的國君，能夠控制天下，征服諸侯，憑藉的是威勢。君主沒有威勢，大臣就會放任自己的行為，以法謀私，仗勢欺人，君主就會被架空，君主的權力就不能得以有效發揮。

很顯然，韓非「法、術、勢」的學說是適應當時由諸侯割據過渡，專制君主中央集權的需要而產生的，而且是行之有效的。有效的原因不在這個三字秘訣，而在於他所主張、推行的法治內容。在戰國時代，法治所以起了進步作用，是由於他們所制訂的耕戰政策適合於客觀上社會發展的要求，是由於他們對腐朽的貴族進行了生死鬥爭。韓非所堅決排斥的是所謂「五蠹」，其中特別重要的是「儒」與「俠」這兩蠹。韓非以為，禁絕「五蠹」，用他的「法、術、勢」來治國，就可以做到國富民強，在兼併戰爭中無往而不勝。

但是要知道，「法、術、勢」並不是萬能的。當「法」不是用來對付腐朽的貴族，而是用來鎮壓在沉重的剝削壓迫下無以為生將要「鋌而走險」的農民的時候，當「術」的使用使統治階級內部矛盾激化的時候，作為君主之「勢」的「賞、罰二柄」就要失靈了。這時候，「法、術、勢」的濫用往往起著促使「官逼民反」、「眾叛親離」的作用。韓非處在封建地主制正在上升、中央集權專制制度即將取得勝利的時代，他只看到「法、術、勢」的積極作用，還看不出它的消極作用。

盲目崇拜「法、術、勢」，特別是「勢」的思想是有害的。所謂「勢」，就是我們所謂的國家政權。毫無疑義，在社會發展中，國家政權的作用是巨大的。革命階級不奪取政權，就會延長腐朽制度的壽命，就無法真正獲取政權。但是要知道，暫時還掌握著國家政權的腐朽力量終究要滅亡的，反民意的國家政權並不能阻止社會經濟發展的要求和人民群眾的抗爭。

戰國七雄群起抗爭的時代是一個變革的時代。秦為什麼能吞併六國，統一中國？就是因為它的國家政權所執行的某些政策客觀上代表著新興地主階級的要求，在發揮著積極的推動歷史發展的作用。六國為什麼滅亡？就是因為它們的封建割據的國家政權成了社會經濟發展的障礙物，在起著消極的阻礙歷史發展的作用。一個國家治理的如何，的確與「法、術、勢」的正確熟練運用有著直接的關係，但更為深層的原因在於這個國家的政策同時代的發展方向、民心向背的角度如何。

顯然，以韓非為代表的「法、術、勢」的政治思想，有它的精華，也有它的糟粕。因此，對於韓非子的政治理論我們要取其精華，棄其糟粕。

1 偏聽親信，不得人心

夫以人言善我，必以人言罪我。

——《韓非子·說林上》

【譯文】

因為別人的好話而對我友好，也一定會因為別人的壞話而加罪於我。

【經典故事】

有一位名士叫魯丹，他學識淵博，曾周遊天下，歷覽風物，有很豐富的閱歷和才能。有一天，魯丹來到了中山國。他看到中山國地處北方，物產豐饒，民風淳樸，但中山國國君卻不思進取，整天只知道與一幫寵臣愛妾飲酒作樂，不理朝政，便決定留下來，想透過自己的努力，說服中山國君，改變中山國的面貌。

魯丹求見到中山國君，施禮道：「大王想讓您的國家強大起來嗎？」

中山國君聞聽大喜，馬上說：「當然當然。先生有何見教嗎？」

魯丹就向他講解帝王之道，讓他修德養性，以身率民，罷歌舞，親賢臣，深入民間察疾問苦等等。魯丹正講得眉飛色舞，中山國君卻打個哈欠站起來說：「寡人睏了，先生請等以後再講吧！」魯丹就沮喪地退了出來。

又過了幾天，魯丹又去晉見中山國君。中山國君早已對他沒了興致，但還是硬著頭皮聽了下去。魯丹便大講霸主之術，要他富民強兵、請賢任能等等。講到一半，他發現中山國君早已鼾聲大作，只好再次垂頭喪氣地退了出來。

第三次晉見，魯丹開門見山，一針見血地指出：「中山地處北國，與中原相距遙遠，卻距離趙國很近。趙國開疆拓土，必然打算先侵吞距它很近的中山國。但中山國與中原各國向無來往，關係冷淡，趙國若侵犯中山國，中山國難以向中原其他國求救。因此中山國早晚會被趙國所侵吞，大王還不想早做打算？」

中山國君嚇了一跳，這也正是他十分擔憂的事情，便馬上斂容坐下，想聽聽魯丹有何良策。可魯丹講了不久，中山國君聽著聽著又不耐煩了。魯丹見狀，不覺長嘆一聲。中山國君馬上說：「先生先回去，改天再講吧。」

魯丹回去以後，長吁短嘆，恨自己的志向不能實現。他的車夫建議說：「先生要在中山做官，為什麼不求人通融，而總是自己貿然求見呢？該換種方法試試，怎麼卻一味堅持呢？」

魯丹認為他說得對，於是就拿了五十兩黃金，暗地裡求見了中山國君左右的一些寵臣，賄賂他們，求他們向中山國君舉薦自己。那些人見了金子，眉開眼笑地答應了。

不久，魯丹再次求見中山國君。進殿坐下，還沒有說話，中山國君就熱情地說：「魯丹先生是當世之賢人，今至吾國，必當重用。先賜酒筵。」大擺筵席款待魯丹，並準備任魯丹以相國之職，委以國政。

魯丹吃罷酒席出來後，坐上馬車，連住的地方也不敢回了，吩咐車夫立即駕車逃出中山國。車夫感到很奇怪，問他：「我們等了這麼長時間，好不容易等到中山國君對我們好些了，怎麼卻要立刻就走？」

魯丹說：「中山國君這個人隨意性太強了，他既然肯聽別人的話對我好，也就會聽別人的話而害我的。快走！」於是快馬連夜出逃。

果然，魯丹尚未出中山國境，原來的相國因怕中山國君任用魯丹後奪了自己的大權，向中山國君進讒說魯丹是趙國派來的奸細。中山國君便馬上派人去抓魯丹，好在魯丹早跑了一步。

【解析】

對於一個偏聽偏信的領導者而言，他是永遠也得不到優秀的人才的，因為他會因一家之言而重用你，就一定會因另一家之言而猜忌、甚至迫害你。

事物總有其兩面性，在得到好的一面的同時，也要預備著壞的一面隨之而來。一分為二地看問題，洞悉事物的這種兩面性，對於一個人的成長是非常重要的。

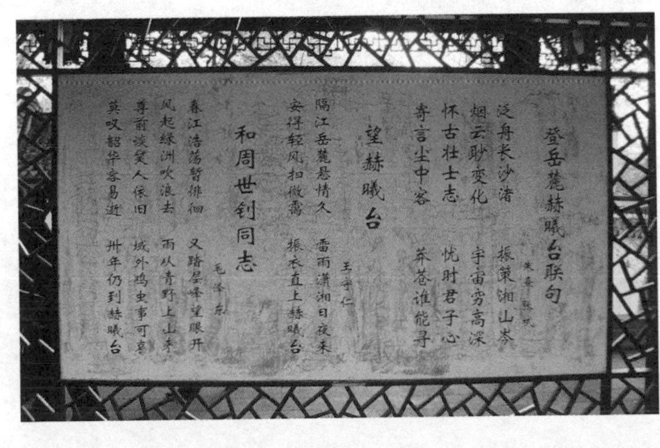

2 重情去貌，好質惡飾

夫君子取情而去貌，好質而惡飾。

——《韓非子．解老》

【譯文】

君子選擇的是內在情感而非外貌，重視本質而厭惡裝飾。

【經典故事】

陳平是西漢時河南原陽人，年少時家裡很窮，同哥哥嫂嫂在一起生活，只有三十畝薄田。他哥哥陳伯寬厚仁慈，靠辛勤勞作供陳平外出遊學。後來，陳平娶了一個妻子，妻子曾經五次出嫁，五次都死了丈夫，但家裡很富有。陳平的出仕，多虧了妻家的幫助。

陳平離家後，先投奔魏王咎，遭到讒言，又投奔項羽。他見項羽粗暴無道，便仗劍投奔劉邦，經過魏無知的推薦，劉邦接見了他。言談之中，論及天下大事，劉邦覺得十分投機，便將陳平提拔為都尉，留在自己身邊當參乘，並監護三軍將校。

劉邦的將士對破格提拔陳平感到不滿，說：「大王得到一個楚軍的逃兵，並不瞭解他的才能和品行，就與他同乘一輛車，還讓他監護軍中長者，未免太過分了。」劉邦沒有聽信這些議論，又把陳平提升為副將。

大將周勃和灌嬰對劉邦的作法也不滿，對劉邦說：「聽說陳平在家裡曾經同嫂嫂通姦，離家後又兩次出逃，三次選擇主人。現在大王授與他高官，讓他監護將士。凡是給他賄賂多的人，他就將好處給與對方。他完全是個反覆無常、目無法規的人，希望大王認真考察。」

劉邦聽了這些話，心裡產生了疑慮，叫魏無知和陳平來問個究竟。魏無知說：「只要有建功立業的本領，即使與嫂嫂通姦、受賄，又有什麼妨礙呢？」

陳平自知這些都不是事實，便對劉邦說：「過去我投奔魏王和項羽，由於他們不相信我，我才來投奔大王。如果大王認為我可以用，就不應拘泥小節；如果認為我不能用，我收的資費全在這裡，你拿去吧！我就此告辭。」

劉邦覺得誤會了陳平，連聲道歉，並將他提拔為護軍中尉。後來，陳平全力輔佐劉邦，多次在危難之際挽救劉邦及其大業，成了建立西漢王朝的頭等功臣之一。劉邦死後，陳平還同周勃一道，平定叛亂，穩住了西漢江山。

【解析】

一個人若處事只會看表面，而不去考慮其真實的內在，那可能常會面臨到失敗的後果，因為他所接觸的全都是虛浮不實的假像，既然是虛的，怎會不失敗呢！不僅如此，這也暴露出此人亦是個虛浮之徒，一個有內涵的人，怎會讓表面的華麗給迷住？

人與人的情感若不是建立在真實的認知之上，是很難

相處得長長久久。文章寫作也是一樣，在唐宋古文未興前，文人都是用駢文寫作，這是一種對仗工整，用字遣詞十分華美的文體。由於駢文只重形式華美，所以很難寫出帶有情感的千古佳作，漸漸的文人就厭棄了，取而代之的是能表現真摯情感的古文。諸如現在學生的教材裡頭不就有著許多韓愈、歐陽修及蘇軾等人的文章，經過千年至今，人們還是會傳頌閱讀。而曾經風行一時的駢文，又有多少人讀過？華美的裝飾雖然令人賞心悅目，但畢竟只是短暫的，久了就再也不新鮮。

3 樹人之重，察人為先

夫樹橘柚者，食之則甘，嗅之則香；
樹枳棘者，成而刺人。故君子慎所樹。

——《韓非子・外儲說左下》

【譯文】

種植橘柚的話，吃起來是甜的，聞起來是香的；種植枳棘的話，長大後反而刺人。所以君子栽培人才時要慎重。

【經典故事】

陽虎是春秋末期魯國權臣季孫氏的家臣。魯定公十七年（前五〇二年），他起兵攻打季孫、叔孫、孟孫三家，想奪取魯國的政權，結果兵敗出逃。這次出逃，他先到了齊國，齊國不收留，又逃到衛國。陽虎的學生在各國當官的很多，可是他在衛國卻遭到官府通緝。他四處逃跑，最後逃到北方的晉國，投奔到趙簡子門下。

趙簡子見陽虎喪魂落魄的樣子，問道：「你怎麼變成這個樣子了呢？」

陽虎傷心地說：「從今以後，我發誓再也不培養人了。」

趙簡子問：「這是為什麼呢？」

陽虎懊喪地說：「許多年來，我辛辛苦苦地培養了那麼多人才，直至在當朝大臣中，經我培養的人已超過半數；在地方官吏中，經我培養的人也超過半數；那些鎮守邊關的將士中，經我培養的同樣超過半數。可是沒想到，就是由我親手培養出來的人，他們在朝廷做大臣的，離間我和君王的關係；做地方官吏的，無中生有地在百姓中敗壞我的名聲；更有甚者，那些領兵守境的，竟親自帶兵來追捕我。想起來真讓人寒心哪！」

趙簡子聽了，深有感觸。他對陽虎說：「只有品行好的人，才會知恩圖報；那些品質差的人，他們是不會這麼做的。你當初在培養他們的時候，沒有注意挑選品德好的加以培養，才落得今天這個結果。比方說，如果栽培的是桃李，那麼，除了夏天你可以在它的樹蔭下乘涼休息外，秋天還可以收穫鮮美的果實；但如果你種下的是蒺藜，那麼不僅夏天乘不了涼，到秋天你也只能收到扎手的刺。在我看來，你所栽種的，都是些蒺藜呀！所以你應記住這個教訓，在培養人才之前就要對他們進行選擇，否則等到培養完了再去選擇，就已經晚了。」

陽虎聽了趙簡子一番話，點頭稱是。

【解析】

人的品德應該比才能更重要，因此應有選擇地培養人才，不可良莠不分，這對我們是很有啟發的。選才不慎，等於養奸；選才得當，獲利無窮。

就陽虎而言，他是不善於培養人才的，因為他不懂察人；但從另一個方面來講，陽虎是會培養人才的，因為他培養的人都能為國家所用，能夠忠於君王。

4 決策討論，與才相謀

不在所與居，在所與謀也。

——《韓非子・外儲說左下》

【譯文】

不在於跟什麼人相處為伍，而是在於跟什麼人一起討論決策。

【經典故事】

從前有一位叫季孫的人，他很喜歡「文士」這種形象，連他在家中的穿著打扮都跟上朝的服裝沒有什麼兩樣，而他家中的門客也都是文士這類的人。有一次，因季孫的防範疏忽，使他被人刺殺了。

南宮敬子好奇地問顏涿聚：「季孫他供養了數十位以上的孔子門徒，而且在日常生活中，他們也都穿著禮服與季孫一起相處著，那為什麼他還會被人刺殺呢？」

顏涿聚回答說：「從前，周成王時常接近優伶和侏儒來取悅玩樂，但卻是與君子們一起商討國家大事，所以能完成統一天下的功業。然而季孫雖說是供養孔子的門徒，穿著禮服與他相處在一起的有數十位，但是季孫卻與優伶和侏儒們決定大事啊，所以他會被人殺了。」

【解析】

外在的環境與形象，時常會誤導我們去做錯誤的判斷。

有些人給人的形象可能不太好，看似經常和一群酒肉之徒吃喝玩樂，但當這群玩樂夥伴散盡之後，他可能又變成了一個精明能幹之人，正經嚴肅的與人討論工作、要事。實際上這種人卻也不少！在現代高中裡，有很多學生經常於放學後或假日去逛街、出遊，但功課卻仍可保持得不錯，原因何在？就是他們在上課時態度是認真、用功的。

其實，生活的態度應該要學習這種人，無論是工作或是學業，就會認真實在的去面對，而其餘的享樂時間就盡情的放鬆自己吧！不像有些人，工作與休息完全錯亂，成績自然也是亂成一團。清楚自己什麼時間該做什麼事，這樣的生活才會踏實且愉快！

5 以才薦人，公私分明

外舉不避仇，內舉不避子。

——《韓非子・外儲說左下》

【譯文】

推舉外人的時候不去避開仇人，舉薦親人的時候不避開自己的兒子。

【經典故事】

春秋時候，晉國的中牟縣沒有了縣令，晉平公就問大臣趙武說：「中牟縣是個重要的區域，把整個國家比作一個人的話，它就好像是大腿或胳膊一樣，我想找個好的縣令去管理，你看應該派誰去當這個長官比較合適呢？」

趙武毫不遲疑地回答說：「刑伯子去最合適了。他一定能夠勝任這個職位。」

平公非常驚奇地問他說：「刑伯子不是你的仇人嗎？你為什麼還要推薦他呢？」

趙武說：「大王您只是問我什麼人能夠勝任這個職務，誰去最合適；您又沒有問我刑伯子是不是我的仇人，私怨不入公門。」

於是，平公就派刑伯子到中牟縣去上任了。刑伯子到任後，給當地人辦了不少好事，大家都稱頌他。

過了一些日子，平公又問趙武說：「現在朝廷裡缺少一個法官。你看，誰能勝任這個職位呢？」

趙武說：「我的兒子能夠勝任。」

平公又奇怪起來了，問道：「你的兒子？你怎麼推薦你的兒子，不怕別人講閒話嗎？」

趙武說：「您只問我誰可以勝任，所以我推薦了他；您並沒問誰是我的兒子呀！」

平公就派趙武的兒子去作法官。新任的法官，替人們辦了許多好事，很受人們的歡迎與愛戴。

晉國的所有臣民都說趙武是最有賢德的人。趙武前前後後一共為國家推薦了四十六個人，這四十六個人都合乎舉薦的本意，整個晉國的內政也都依靠著他們。

韓非子評論說：「趙武做得好極了！他推薦人，完全是以才能做標準，不因為他是自己的仇人，而心存偏見，即使合適也不推薦他；也不因為他是自己的兒子，怕人議論，便不推薦。」

還有一個故事也說明人一定要公私分明。

解狐是名將解揚的兒子。他為人耿直倔強，公私分明，和當時晉國一個勢力強大的大夫趙簡子關係很好。

趙簡子領地的國相職位空缺了，趙簡子就讓解狐幫著推薦一個人選，讓他感到意外的是，解狐竟然推薦了自己的仇人。這位新國相上任後，果然把趙簡子的領地治理得井井有條。趙簡子十分滿意，誇獎他說：「你真是一個好國相，解狐沒有看錯人啊！」

那人這才知道是解狐推薦了自己。他不由對解狐心生感激之情，但同時又感到有些疑惑：「難道他這是表明要主動與我和解嗎？」於是，他決定去登門拜訪解狐，對他不計前嫌而舉薦自己表示感謝。沒想到剛到解府門口，卻見解狐遠遠地張弓搭箭，向他狠狠射來。他還沒來得及躲閃，那箭已擦肩而過。

正當他驚詫之際，只聽解狐說道：「我推薦你，那是為公，因為你能勝任。可是私人之間，我和你有不共戴天之仇，你竟還敢上我的家門來嗎？再不走，看我敢不敢一箭射死你！」

說罷，又一次張弓搭箭瞄準他。這時，那人才明白解狐依然對自己恨之入骨，他慌忙遠施一禮，就轉身離開了。

【解析】

公正無私是為領導者應該遵守的原則和必須奉行的準則，如果不奉行公正的話，下面的人會很快模仿，小到對一個企業或組織不利，大到對國家十分不利。

只有去除自己的私心，才能以一顆公正的心來對待他人，不偏愛自己親近的人，不加害關係疏遠的人，這樣才能實現公正，得到人心。

6 學有所長，人有所專

人臣失所長而奉難給，則伏怨結。

——《韓非子．用人》

【譯文】

讓屬下失掉自己的專長，而去擔任難以勝任的工作，屬下就會積怨。

【經典故事】

有個叫虞慶的人請來工匠給他造房屋。造完以後，他嫌屋頂的坡度造得太陡。

工匠解釋說：「這是新造的屋子，椽子木材不太乾燥，泥土比較潮濕，等過些時候就自然會好的。」

可是虞慶卻自以為是，振振有辭地說：「不對！正因為泥土潮濕椽木不乾，所以要蓋得平一些，等到泥土乾了椽木直了，坡度就會陡起來。現在就造這麼陡，以後就會更陡了。」

工匠說不過他，只好照他說的做。結果屋子造好不久，屋頂就塌陷了。

工人們在製造射箭用的弓，有一個叫范且的人跑來瞎指揮說：「弓一般都是用到最後才會折斷，開始的時候是不會斷的。所以你們現在這種造弓的方法不對，你們開始調弓怎麼那麼慢？花三十天時間才調到位，然後上弦，上了弦馬上就射箭。這都不對！等於是開始不用力到後來才用力，弓怎能不斷呢？我要是來做弓，應該是一上來就用力，一天之內就調到位，上好弦，然後放在那兒，三十天以後才射箭。因為開始的時候是不會斷的嘛，何必那麼小心翼翼？到後來容易斷了，才需要慢慢來啊！」

工人們說不過他，只好照著做。結果造出來的弓一拉就斷。

【解析】

人在職場，有才能不得施展，有技術不能發揮，當然會讓人感到不滿、鬱悶。有時候這種不滿，領導者是不易察覺的，屬下若人數太多，他如何知道誰在不滿？所以，當初在指派工作給屬下之前，一定要先瞭解屬下的專長、特性，再考量其工作的性質。若是領導者不事先查證，而錯把肉豬當良馬用，或是將鵝鴨當晨雞，那豈不是件很糟糕的事？

范且、虞慶的言論，聽起來好像言之有據，振振有辭，但卻違背事理，不合實際。人主要是喜歡這種華而不實的言論，不加以禁止，那一定會把事情搞糟。不謀求治國強兵的實際功效，只盡說些不著邊際脫離現實的言辭，結果只能製造出許多「豆腐渣」工程和「豆腐渣」產品了。

7 機巧奸詐，莫若拙誠

巧詐不如拙誠。

——《韓非子．說林上》

【譯文】

智巧、詭詐比不上笨拙、誠實。

【經典故事】

戰國時候，魏國準備攻伐弱小的中山國。

一天，魏國國君魏文侯召集群臣，說：「中山這個小國沒有向任何一國進貢，與中原各國聯繫也不密切，沒有人支持它，並且中山國君荒淫無道，殘害百姓，寡人決定攻打中山國，你們看誰做統帥合適呀？」

其中一個大臣說：「我推薦樂羊擔任此職。」

另一個大臣站出來反對說：「樂羊原本是中山國的人，後來才投奔了我們魏國。並且他的兒子樂舒正在中山國做官。用樂羊做大將，他怎麼會盡心盡力地攻打中山國呢？」

第一個大臣馬上反駁說：「他的兒子在中山國做官不假，而且還曾寫信替中山國君聘請過樂羊，可樂羊不願為昏君效力，還勸說兒子離開中山國。現在委派樂羊為將，討伐昏君，正符合他的志向，他怎麼會不盡心盡力呢？」

魏文侯覺得有道理，派人請來了樂羊。一見面，魏文侯就開誠佈公地對樂羊說：「寡人打算任你為將，討伐中山國，可是你的兒子在那裡做官，這會不會讓你感到為難呢？」

樂羊說：「國事、家事要分開，大丈夫為國家建功立業，豈能徇私情？我要是滅不了中山國，甘願受軍法處治。」

魏文侯聽後很高興，於是封樂羊為大將，率五萬魏軍，去攻打中山國。

中山國君整天花天酒地、尋歡作樂，做夢也沒想到魏國軍隊會突然千里迢迢來攻打自己，而且勢不可擋，忙召集大臣們商議。

中山國的一個近臣獻計說：「國君別慌，我有一計，包叫樂羊退兵。」

中山國君忙問是何妙計。

近臣不慌不忙地說：「魏將樂羊的兒子樂舒就在您的手下做官，讓他去勸說父親退兵，樂羊不會一點不顧念父子之情的。」

中山國君忙派人找來樂舒，讓他去勸樂羊退兵。對他說：「快去勸說你父親退兵，如若成功，我封一個城邑給你，不然的話，當心你的身家性命！」

樂舒被逼著爬上了城樓，請父親出陣見面。

樂羊氣宇軒昂地來到城下，見兒子站在城頭，心裡已明白是怎麼回事了。他厲聲責罵樂舒道：「你不聽我的勸告，只知道貪圖榮華富貴，你現在只有快快規勸昏君投降，否則，我就殺了你。」

「投降不投降在於國君，孩兒我做不了主。」樂舒帶著哭腔說，「求父親暫緩攻城，讓我去跟國君說說。」

「好吧，給你們一個月的期限，讓你們君臣好好商量商量，早日投降。」樂羊爽快地答應了，下面的將士都很不理解，就連他的副將也跑來質問他。樂羊只得向副將解釋。原來，樂羊早就看出，中山國城牆堅固，易守難攻，若強行攻城，傷亡肯定會很大不說，能否成功還未定。不如將計就計，圍而不打，震懾守敵軍心。隨即，樂羊下令把中山國都團團圍住，暫不攻打。

中山國君以為樂羊心疼兒子，不會攻城了，他又仗著中山國都城牆堅固，城內糧草充足，不打算投降，仍天天在宮中吃喝玩樂。而軍士們看到國都被圍，國君昏庸，於是就有大批人逃跑或乾脆投降了。

轉眼之間，一個月的限期到了。樂羊不見降書，又要再次攻城。中山國君又急忙派樂舒去求情，樂羊又寬限一個月。就這樣，一連寬限了三個月，樂羊還是駐守城下，按兵不動。

這時樂羊手下的一些將領沉不住氣了，猜疑的議論四處傳播。魏國朝廷上下更是怨聲鼎沸，許多官吏大臣們本來就對樂羊平步青雲、從平民一下子躍為大將心懷妒忌，憤憤不平，現在便紛紛向魏文侯上奏章，攻擊、詆毀樂羊。有的說他巧詐徇私，有的說他裡通外國，有的攻擊他有反叛之心……

而此時的樂羊卻並不理睬這些，也不為自己辯護。他的副將勸他上書魏文侯，陳述自己為何按兵不動的理由，為自己辯護。可樂羊不聽，說：「花言巧語為自己辯解，不如忠心耿耿地按戰術取得勝利以回報君主，是忠是奸，結果會證明一切的。」

這天，期限又到了，中山國將士叛逃的已有十分之三四，軍心也渙散了。樂羊認為時機已成熟，於是，一聲令下，號角齊鳴，戰鼓震天，殺聲遍野。魏軍養精蓄銳，個個摩拳擦掌，早已憋足了氣力。樂羊一手持盾，一手揮戈，衝殺在前。全軍將士見主將身先士卒，不怕危險，便人人奮勇，個個爭先，眼看中山城守不住了。

中山國君見魏軍真的發起了攻擊，嚇得渾身顫抖，不知如何是好，竟殺了樂舒，以其肉做成肉羹，派使者送到樂羊的面前。使者還說樂羊若不退兵，樂舒的妻子兒女都將是這個下場。樂羊強忍悲痛，大罵中山國君，下令繼續攻城。

將士們見主將為國捨子，個個義憤填膺，吶喊著蜂擁而上，勢如破竹。對方潰不成軍，不一會兒，城門破了。中山國君見大勢已去，只好懸樑自盡了。

樂羊得勝回朝，魏文侯親自出城迎接。樂羊獻上了中山國的地圖和繳獲的大量財寶，大臣們紛紛向樂羊表示祝賀和欽佩。

【解析】

不去爭辯，而實實在在地做事情，日子久了，真相自然會顯露出來。

老老實實做人，認認真真做事，誠信為做人第一要務。誠實守信凸現了一個人的人格，其誠所至，金石為開。社會宣導誠信，人們真誠守信，就能建立起人與人之間的信任關係，營造和諧友好的氛圍，營造一個有序的社會環境。

8 形勢不當，不可逞能

勢不便，非所以逞能也。

——《韓非子．說林下》

【譯文】

當形勢不構成條件時，就無法發揮才能。

【經典故事】

伯樂是古代有名懂馬、識馬的人。

他叫兩個人去識烈性子的馬，兩人一同來到馬廄裡看。

其中一人選中了一匹馬，另一個人也跟著去看，並好幾次撫摸這匹馬的臀部，而這馬始終不用後腳踢他，先前選這匹馬的人就以為自已看錯了，摸馬臀的人就說：「你沒有錯，只是這匹馬前腳的筋骨已經受傷了，膝蓋無力，凡是會抬後腿的烈馬都是用前腳去支撐全身的重量，而這匹馬因膝蓋無力了，所以它無法抬起後腿。你是會識別烈馬，但是對於前腳受傷的觀察力是很拙劣的。」

【解析】

這個故事說明：縱使是有才能的人，如果沒有其他的有利條件時，那還是無法發揮應有的長才。

有這樣一句話：「把猿猴關在籠中，則跟豬沒什麼兩樣。」猿猴給予人的形象是靈活多變的，不僅身手矯健也相當聰明。豬就不同了，好吃懶做、行為緩拙、一副相貌癡肥的模樣。猿猴一旦都被限制住了，那就和豬沒啥兩樣，全都動彈不得了。所以外在的環境也很重要，大環境適合時，該出頭的人才自然就會出現，但是也是需要靠努力才能達成的。

9 義正理全，人未必用

故度量雖正，未必聽也；義理雖全，未必用也。

——《韓非子．難言》

【譯文】

原則雖然正確，但人未必會聽取；道理雖然完美，人也不一定採用。

【經典故事】

夏朝最後一個王是夏桀，他是中國歷史上有名的暴君。

商是黃河下游一個部落，在首領湯的率領下，勢力漸漸發展壯大起來，但苦於人才缺乏。這時，商湯妻子帶來的陪嫁奴隸中，有一個名叫伊尹的人，脫穎而出，走上了歷史舞臺。

伊尹原名伊摯，據說他的母親有一次外出採桑時生下了他。因當時母親住在伊水之濱，他便以「伊」為姓。伊摯自幼被賣給有莘國君主為奴隸。他聰明機敏，酷愛學習，知識淵博。因燒得一手好飯菜，得到有莘國君的賞識，便讓他擔任招待賓客的廚師，地位在一般奴僕之上。然而，伊尹對此並不滿足，他有遠大的志向，希望有朝一日能夠成就一番轟轟烈烈的事業。於是他借迎來送往、招待賓客之機，從賓客們口中瞭解天下大事。

當他瞭解到商的發展和商湯的種種「賢德仁義」舉措以及雄心壯志之後，在內心便對商十分嚮往，非常希望成為商的臣民，也好成就一番大事業。

一次，商的左相因公事從有莘國過境，在有莘國逗留數日。伊尹借招待他的機會，多次與他接觸。交談中，左相發現伊尹是個難得的人才，不禁喜出望外。返回商國後，他便將伊尹的詳情稟告了商湯。

不久，商與有莘國結親。左相便趁機向有莘國提出讓伊尹作為陪嫁的奴隸，得到了有莘國君的同意。於是，伊尹便隨著有莘國君的女兒陪嫁到商湯家中。初到商湯家中時，並未引起商湯注意，商湯聽說他烹飪技術高超，便打發他到廚房工作。伊尹身為廚師，便乘機接近商湯，常常利用飯菜做比喻向商湯陳說自己的政治見解，先後達七十次，但商湯均不為之所動，而伊尹也並不灰心。

一天，伊尹故意將幾樣菜蔬或做得淡而無味，或做得鹹不入口，一同獻與商湯。商湯果然大為不滿，立刻召伊尹前來問話。伊尹對商湯說：「大王，燒菜既不能過鹹，也不能太淡。過鹹則難於下嚥，太淡則無滋味。治理國家也是同樣的道理啊！既不能操之過急，急則生亂；又不能鬆弛懈怠，懈怠必然導致國事荒疏。」

商湯點頭稱是。

伊尹停了一下，見商湯正聚精會神地聽，便繼續說道：「如今，夏王桀荒淫無度，昏庸暴虐，民心盡失，天下紛亂，黎明百姓飽受其苦，恨之入骨。而大王您以仁德治國，伸張正義，取信於民，已是眾望所歸，為今天下唯一賢明的君主。大王應適時起兵，伐夏救國，拯救萬民於水火之中，成就驚天動地的偉業。伊尹雖為卑下的奴僕，卻早有追隨大王之心，如大王不鄙視我，願跟隨大王全力效勞。」隨後，伊尹詳盡分析了天下大勢，論述了消滅夏朝的具體步驟和策略。

商湯聽得怦然心動，發現自己廚房中的奴隸竟是如此出色的人才，便當即發佈命令，解除伊尹的奴隸身分，並任命他為「尹」，即右相，與左相一同輔佐朝政，共同籌畫滅夏大計。從此人們便叫他伊尹。

此後，在伊尹的策劃下，商湯大力推行德政，體恤百姓，發展生產，招兵買馬，擴展勢力，國力迅速增強。最終，推翻了夏王朝，建立了商朝。

【解析】

從故事裡我們知道：無論是身為聖王或是暴君，對於好的意見或勸告都是不輕易就隨即接納的。多數的人都喜歡聽好聽的言語，但好聽的言語不就是甜言蜜語嗎？既然是甜言蜜語也多言不由衷，這種話明知不該聽，但聽多了心裡面總會飄飄然，久了也就信了，這時也已經踏入了他人的圈套，任人擺佈。

如果今天遇到了一個肯對你說實在話的人，那就是你的福氣！每個人都是凡人，沒有一生下來就是完美的聖人，孔子如此，堯、舜等人也是如此！所以要不斷地修正自己的言行舉止。要修正自己，就得要聽聽別人的意見，尤其是能使你導之以正的意見，那就是好的意見，但那絕不會是甜言蜜語。

雖然最懇切的話語總是逆耳不順心的，但是愈是如此，就愈要感到高興，一方面要提醒修正自己的言行；另一方面也要感謝身邊有一位這樣的人正在關心著你呢。

10奇招巧技，實用為上

刻削之道，鼻莫如大，目莫如小。鼻大可小，小不可大也；目小可大，大不可小也。

——《韓非子．說林下》

【譯文】

雕塑的原則是：鼻子不如先刻大一些，眼睛不如先雕小一些。鼻子大了可以改小一點，小了就無法改大；眼睛小了可以改大，大了就無法改小了。

【經典故事】

燕王對各種奇奇怪怪的小技巧很感興趣。有一次，從衛國來了一位微雕客人，自稱能在棗樹刺的刺尖上雕出一隻獼猴來。

燕王很感興趣，就讓他享受高級官吏的待遇，把他供養起來。過了些時候，燕王說要看看他雕刻在樹刺尖上的獼猴。

這個客人故作神秘地說：「大王要想看我的微雕，可不那麼簡單，必須清心寡慾，心明眼亮，才能看出個名堂。所以，大王必須提前半年不近女色，不喝酒不吃肉。而且還要等到雨後初晴的時候，陰陽交接之際，才能看見我雕刻在樹刺尖端上的獼猴。」

燕王覺得太麻煩了，就暫時不打算看，繼續把這個客人高薪供養著。

這時，燕國有一位普通的工匠來見燕王說：「我也是搞雕刻的，雕刻必須要有雕刻刀，雕的東西愈小，刀也就愈細。他既然能在樹刺的尖上雕獼猴，那他的雕刀一定要比樹刺的尖子還要細小許多倍才行。大王不妨叫他把他的雕刀拿出來讓您見識見識，他到底能不能在樹刺尖端上雕刻獼猴也就可以知道了。」

燕王覺得這個主意不錯，就派人把那個客人招來問道：「請問大師傅，您是用什麼工具在樹刺尖端上雕刻獼猴的呢？」

客人說：「用雕刻刀啊！」

燕王說：「能不能請你把你的雕刻刀拿來讓寡人看看？」

客人聽了不禁一愣，支支吾吾地說：「刀丟在寓所裡了，我這就回去拿。」說完，匆匆離去。回到寓所就捲起鋪蓋匆忙溜走了。

【解析】

這個故事它揭示了一個事實——編造的奇技愈是離奇就愈容易叫人相信。但韓非子的名言也說出了一個大道理：處理任何事情也和雕塑一樣，最初一定要先擬定出一個大的方向，而且要很有彈性，再來才是定大綱裡面的小細目。一項活動的企劃案，一定先有大致的流程表，才會有各種小單元的名稱出現，如果先從小單元去構思，那麼整個活動就很可能缺乏一致的流暢感，容易變得零零散散，十分不協調！這個活動就算失敗。

蓋房子時，無論是在規劃藍圖，或是已經動手蓋房子，都必先有一個房屋的骨架出現，接著才會考慮隔間、空間與光線的問題，等到這些問題解決了，最後才是房間裡的佈局。沒有人蓋屋從房間的擺設開始吧！

說話亦然，我們有時在與他人談話，常常會不自覺地一下子將話給說得太過，以至於很少有轉圜的空間，不僅讓自己下不了臺階，也容易讓自己失去信用。凡事在其尚未完成或決定前，都先掌握住一個大原則就好，這樣才有補救的空間。

11 思長想短，愚智分明

一聽則愚智不分，責下則人臣不參。

——《韓非子．內儲說上七術》

【譯文】

逐一地聽取意見，愚蠢的和智慧的就不會混淆在一塊，善於督導下屬，有才能的和無才能的就不會互相夾雜在一起。

【經典故事】

齊國的齊宣王喜好音樂，尤其喜歡聽吹竽，手下有三百個善於吹竽的樂師。每次聽吹竽的時候，總是叫這三百個人在一起合奏給他聽，給予吹竽的人很高的賞賜。

有個壓根兒就不會吹竽的南郭先生聽說了齊宣王的這個癖好，覺得有機可乘，就跑到齊宣王那裡去，吹噓自己吹竽技術很好，願意為宣王效勞。宣王也不加考察就收下了他，把他也編進這支三百人的吹竽樂隊中。

這以後，南郭先生就隨那三百人一塊兒合奏給齊宣王聽，和大家一樣拿優厚的薪水和豐厚的賞賜，心裡得意極了。

幾年以後，齊宣王死了，他的兒子齊湣王繼承了王位。齊湣王也愛聽吹竽，可是他和齊宣王不一樣，認為三百人一塊兒吹實在太吵，不如獨奏來得悠揚逍遙。於是齊滑王發佈了一道命令，要這三百人一個個地吹竽給他聽。

樂師們接到命令後都積極練習，想一展身手，把自己最拿手的曲子演奏給滑王欣賞。只有那個濫竽充數的南郭先生急得像熱鍋上的螞蟻，惶惶不可終日。他想來想去，覺得這次無論如何也混不過去了，只好連夜收拾行李逃走了。

【解析】

在一個團體中，如果不是一一的去做瞭解，就很難辨別好與壞、優與劣。領導者若是不對屬下做個別的觀察、瞭解的話，那一個團體中一定會有良莠不齊的狀況，搞不好還會發生「濫竽充數」的狀況！

要避免人力的不當利用，領導者先要花時間，對手下的人做個大致上的認識。雖然看似費時，但若不如此，如何能將整體做一個調整或提升呢？而且，瞭解了下屬的能力與特性，也就是能掌握整體的方向與進度，何樂而不為？

成語「濫竽充數」典出於此。

12 堅盾利矛，不可同時

夫不可陷之盾與無不陷之矛，不可同世而立。今堯、舜之不可兩譽，矛盾之說也。

——《韓非子．難一》

【譯文】

沒有什麼能洞穿的盾和沒有什麼不能洞穿的矛，是不能同時存在的。現在堯和舜同時受到讚譽，就和這矛盾說法一樣了。

【經典故事】

堯帝的時候，選拔了舜來幫他一起治理天下。

那時，曆山那個地方的農夫們為田界而爭鬥，鬧得不可開交。舜就到那裡去跟農夫們一起耕田。過了一年，田界便漫過了，農夫們也不爭了。

河邊那些漁夫們為了爭奪水中的好地盤而打架。舜就過去跟他們一起打魚。過了一年，漁夫們便都變得很有禮貌，紛紛把好地盤讓給年紀大的人。

東夷的製陶工人專門生產劣質產品。舜就過去跟他們一起製陶器。過了一年，陶器品質大大提高。

孔子讚嘆道：「耕田、打魚、製陶器，這都不是舜的職責範圍裡的事；而舜卻能親自去做，為的是要消除那裡的弊端。舜真是個仁愛的人啊！他能設身處地、親自吃苦，老百姓這才願意跟從他呀！所以說，聖人的道德具有感化人心的力量啊！」

韓非子不同意孔子的觀點，他反問說：「當舜去做這些事情的時候，堯又在幹什麼呢？有人肯定會回答：『堯在做天子啊！』如果是這樣，那麼孔子又怎麼可以同時也讚賞堯呢？假如堯是聖明天子，天下就不應該有種種奸邪的行為，農夫、漁夫就不會爭鬥，陶工就不會生產劣質產品。那樣，又何必要舜用道德感化他們呢？舜需要用道德感化人們，就說明堯的領導有問題。肯定舜的賢德，就否定了堯的聖明；讚揚堯的聖明，就要否定舜道德感化的必要。這兩者是互相矛盾的。

「就像楚國有個賣矛和盾的人，先吹噓他的盾說：『我的盾很堅固，什麼武器都戳不穿！』然後又吹噓他的矛說：『我的矛很銳利，什麼東西都能戳穿！』有人就問他：『那麼用你的矛來戳你的盾，又會怎麼樣呢？』他張口結舌，無法回答。什麼都戳不穿的盾和什麼都戳得穿的矛，怎麼可能同時並存於世呢？同樣道理，要同時吹捧堯和舜，這也是一種矛盾的說法。

「再說舜透過道德感化去解決弊端，一年才解決一個弊端，三年才解決了三個弊端。天下就一個舜，舜也活不了多少年，而天下的弊端卻無窮無盡。就憑舜有限的精力，一輩子又能解決多少弊端？而如果運用賞罰，則可以使天下有令必行。只要下令說：符合標準的就賞，不符合標準的就殺！這樣一來，早晨下令，晚上就會出現變化；晚上下令，第二天就會出現變化。十天之內，天下的弊端就可以解決，何苦要等到一年？舜不用這種好辦法去勸說堯，讓堯採納，卻一個人親自跑到下面去用道德感化，豈不是太沒有辦法了？而且，自己設身處地去吃苦，以此感化百姓，這種作法即使堯、舜做起來也比較困難。而擁有權勢對下發號施令，即使是很平庸的君主做起來也不難。治理天下，不用一般人都很容易操作的辦法，卻專挑那聖人做起來都很難的方法，這怎麼做得好呢？」

【解析】

從韓非子犀利、尖刻的文筆中，看得出他對法治的絕對偏愛和對儒家學說的蔑視；儒家講德治，法家卻認為那是「愚妄之言，亂政之說」。在這裡，我們沒有資格評說他們誰是誰非，如果從現今社會來看的話，韓非子說的很有說服力，但又未免太偏激了些。

我們現代人實在應該借鑑古人的智慧，說話、做事切不可「利矛」與「堅盾」同世而語。成語「自相矛盾」典出於此。

馬車的發明，是中國科技史上的一件大事。相傳馬車的發明距今已有4000多年歷史，《管子》一書中的《形勢篇》中有一段客觀的評價：「奚仲之為車也，方圜曲直，皆中規矩準繩，故機旋相得，用之牢利，成器堅固。」

13 識人識面，必將受騙

好惡在所見，臣下之飾奸物以愚其君，必也。

——《韓非子．難三》

【譯文】

只根據看到的來判定好壞，屬下會掩飾自己不良的行為來欺瞞領導者，這是必然的。

【經典故事】

一天，秦昭王問身邊臣僚們說：「在諸位看來，如今的韓、魏兩國跟他們過去相比，力量強弱如何？」

大臣們說：「今不如昔，現在比過去弱多了！」

秦昭王又問：「那你們看，今天的韓相如耳與魏相魏齊這兩個人，跟當年的孟嘗、芒卯二君相比，又如何？」

大臣們說：「不能相提並論，差遠啦！」

於是秦昭王很得意地說：「當年孟嘗、芒卯二君率領強大的韓、魏兩國軍隊，尚且不能把寡人怎麼樣，更不要說今天了，哈哈哈！」

大臣們都連聲回應道：「是啊是啊，的確如此，大王現在是無敵於天下啊！」

這時，秦王的琴師中期先生，卻把琴推到一旁，嚴肅地說：「大王對天下形勢的看法未免不妥！想當年，晉國六卿執政的時候，六家大夫中勢力最強的要數智氏。後來智氏滅了范氏和中行氏，又率韓氏和魏氏去討伐趙氏，放水淹沒趙氏所在的晉陽城，城牆被淹得只剩下五、六尺露在外面。當時智伯好不得意啊！他帶著魏宣子、韓康子一起乘車到現場察看，得意忘形地說：『我原來還不知道水可以用來攻破敵人的都城，現在知道了。以後汾水可以用來灌安邑，絳水可以用來灌平陽。哈哈哈哈！』那安邑是魏宣子的封邑，平陽是韓康子的封邑。二人在車上聽到智伯這番話，魏宣子就用胳臂肘捅了一下韓康子，韓康子就用腳在魏宣子的腳上踏了一下。兩人肘足相接，心照不宣。後來韓、魏兩家就與趙氏聯合起來，一起對付智伯，最後三家終於滅了智伯，就在晉陽城下，把智伯的領地一分為三。如今大王力量雖然強大，但恐怕還比不上當年的智伯；韓、魏兩國雖弱小，但還沒有落到當年在晉陽城下時那種地步。這個時候，正是天下人可以肘足相接，圖謀聯合抗秦的時候，大王切不可盲目輕敵、掉以輕心啊！」

韓非子評論說：秦昭王問話有錯誤，他身邊的人包括中期的回答也都不對。英明的君主治理國家主要靠權勢。只要他在國內的權勢沒有受到損害，天下再強大的國家也拿他沒辦法，更不要說什麼孟嘗、芒卯，韓國、魏國。如果君主的權勢不穩，那麼，即使是如耳、魏齊那樣的平庸之輩，率領衰弱的韓、魏兩國，也能來加害！所以，會不會遭到別國的侵害，主要看自身，靠自己。因而，這個問題應當問自己，怎麼去問別人呢？如果依靠自己的固若金湯，勢不可犯，那麼，韓、魏強也罷，弱也罷，又有什麼關係？自己靠不住，卻問別人能把他怎麼樣，這樣的君主不被別人侵害，那算是僥倖的了。申不害說過：「法度不健全，留下了紕漏，想靠人們的誠信來補救，這是十分糊塗的。」這話用來批評秦昭王正合適。

智伯貪心無度，不知收斂，韓康子和魏宣子跟隨他去打趙氏，他居然還企圖引水淹合夥人的城邑。智伯之所以後來國亡身死，頭顱被人割下來做成水壺，就是因為他太貪婪。可是秦昭王只不過是問韓、魏跟從前相比力量強弱的問題，這難道有圖謀用大水去灌人家的城池那麼可怕嗎？再說當時秦昭王身邊雖然有人，這些人又不是韓、魏的人，他們怎麼會有肘足相接、圖謀不軌的事情？中期叫秦昭王不要掉以輕心，未免有點誇大其詞、虛張聲勢了。

中期只是個琴師，職位負責的是彈琴，琴彈得好不好才是他的責任，其他的事情與他無關。不好好彈琴，卻對自己不甚瞭解的事情多嘴多舌，豈不荒唐！申不害說：「辦事不超越自己的職守，職責範圍以外的事情，即使知道也不說。」而中期連不知道的事也敢亂說。

秦昭王身邊其他人的回答說韓、魏今不如昔，說如耳、魏齊不如當年的孟嘗、芒卯，還是實事求是的；至於後來又順著秦昭王的意思說「是啊是啊，的確如此」，那就是不負責任亂拍馬屁了。所以說：秦昭王問話有錯誤，他身邊的人包括中期的回答也都不對。

【解析】

身為一位領導者，要如何來考核屬下的好壞？應該拿什麼來當作衡量的標準？有些主管會直接以他所看到的情況，作為衡量屬下的標準，或許我們會覺得很驚訝！怎麼會只用那眼睛所見到的景象，來作為一種判定呢？這樣未免也太過偏頗了！

所以，如果身為領導者的角色，就不能只是看到屬下包裝過的表面而下判斷，應該要多方面去瞭解探查。而至於該怎麼做？這也許就因人而異了，但是最大的原則就是，靠著客觀的一套標準去衡量，這是最基本的卻也是最重要的。

14 不知而言，知而不言

不知而言，不智；知而不言，不忠。

——《韓非子．初見秦》

【譯文】

不知道的而說了，是不明智的；知道了又不說，是不夠忠厚。

【經典故事】

齊國的權臣田成子正在謀劃篡奪齊國君位的政變。

這一天，大夫隰斯彌來見田成子，兩人一起登上高臺向四處眺望。只見東、西、北三面都是暢通無阻沒有遮攔。只有南面對著隰斯彌家的那個方向，被隰斯彌家的一些大樹擋住了視線。隰斯彌注意到田成子的目光在那些大樹上停留了片刻，但田成子並沒有說什麼。隰斯彌回到家裡，立即下令叫下人去把那些樹砍掉。可是家人剛剛砍了幾斧頭，隰斯彌又趕緊下令住手。

下人感到很奇怪，問道：「主人的主意怎麼變化得這麼快？」

隰斯彌說：「古語說：『知淵中之魚者不祥。』意思是說，知道別人心中的秘密是要倒楣的。田成子正在謀劃一樁大事，這幾棵樹恐怕礙他的事。但是如果我把這幾棵樹砍掉，那就說明我知道了他心中的秘密。那樣我就危險了！不砍樹，不會有什麼罪；知道別人不想說出來的秘密，罪過就大了！」

最終，他也沒有砍去那幾棵樹。

【解析】

每個人都有過替人保守秘密的時候，當好朋友跟你說一些體己話時，你會把這些內容再去跟第三者說嗎？照理說是不可以，因為這涉及到個人的隱私，向你說這些話的人，就是他心裡面已經認定你是可以信賴的人，才會告訴你。假使有一天，你告訴好友的秘密被傳開了，那又做何感想？而且還可能會被加油添醋敘述得更加精彩！所以，談論別人八卦的，向來就是守不住該守的秘密。

明知這件事情對將來的發展不利，而且可能還會造成極大的傷害，那就應該要公開。像現在網路發達，電腦病毒會四處流竄且時時更新，而知情的人秘而不宣；或是目睹了一場肇事逃逸的車禍，卻知情不報者，那都是為人不夠忠厚。說了可能就可以幫助一些人，甚至會拯救許多人，這不是美事一樁嗎？

15 處世言行，注重實效

夫言行者，以功用為之的彀者也。

——《韓非子·問辨》

【譯文】

凡言語與行為，當以功用作為它的目的。

【經典故事】

有一天，楚王對墨家門徒田鳩說：「墨子的學說，也是當今學術界的一大流派。但是我看你們墨家學派的人，身體力行地做事情還可以，講話寫文章卻不行；話說得倒也不少，就是缺乏文采。這是為什麼呢？」

田鳩回答說：「這個道理很好理解，我先為您講兩個故事您就明白了。

「從前秦伯要把公主嫁給晉國的公子，專門從晉國請來服裝美容專家為女兒出嫁準備裝飾。跟女兒陪嫁過去的美麗侍妾有七十人，一個個都打扮得花枝招展，衣著華麗。到了晉國，晉國公子卻喜歡上了那些侍妾，而把公主冷落在一旁。這可以說是善於嫁侍妾，而不能算是善於嫁女兒。」

「另一個故事是說：楚國有個人在鄭國出售一粒寶珠，他想把這粒寶珠隆重包裝一番，於是，他用名貴的木蘭樹料做成盒子，盒子用香料熏過，還用不同顏色的珍珠寶石來裝飾，然後把寶珠放在這個盒子裡出售。可是後來一個鄭國人把這盒子買了去，卻把寶珠退還了回來。這個楚國人可以說是善於賣盒子，卻不能算是善於賣寶珠。」

「如今，各家各派的學說，大多花言巧語、文辭華麗。君主們只注意欣賞它們的文采，卻忘記了它們的實際用處。墨子的學說，是要傳播先王的大道，探討聖人的理論，並且要向世人廣泛宣傳。如果過分注重修飾，講究文采，就會讓人們只注意它的文采而忘記它的實質性意義，以文害用。那樣，就與楚人賣寶珠、秦伯嫁公主沒什麼兩樣了。所以，墨子的言論大多不講究文采。」

楚王聽了，連連點頭。

墨子還曾經用木頭研製了一隻會飛的鳥，他花了整整三年時間，終於製造成功了。可是這鳥在天上只飛了一天，就壞掉了。

墨子的弟子說：「老師您的手真巧，技術真高，木頭做成的鳥也能在天上飛！」

墨子嘆了口氣說：「這算什麼呢？我看還不如做車輗有用。車輗這個大車上不可缺少的小部件，只需用尺把長的木頭，不費一頓早餐的工夫，就可以做

成。做成之後，大車就可以負載千斤之重，遠行萬里之外，而且使用多年也不會壞。可是我做的這個木頭鳥，花了整整三年時間才做成，而在天上飛了一天就壞了。這算什麼巧？這種技術又有什麼用處？」

惠施先生聽了這個故事之後，評論道：「墨子還是可以算是有大技巧、大智慧的。因為他清楚地知道，應該以做車輗為巧，以做木鳥為拙。」

【解析】

韓非的這句話，看似很像一個功利主義者的言論。然而，仔細思考這句話的涵義，就可以發現：其實，韓非說的並沒有錯啊！

一個人所說出來的言語，就是他所想要表達的，他想透露出一種訊息給他以外的人瞭解，無論這句話是很直接、坦白，或是十分的隱晦、模糊。也許有人會問：自言自語算嗎？當然還是算。即便是自言自語好了，它還是有它被說出來的功用，可能是給自己的鼓勵與期許，也可能是咒罵一件事、一個人，因為說出來了，所以心裡會舒服些，這就是它的功用。

行為也可以這樣看待的。行為的產生，雖然可分為主動與被動，但是都有他背後的功用存在。

所以，韓非子說，有「術」的君主治理國家，首先要懂得如何聽取臣下的言論，如何考察臣下的行動；而聽取言論，考察行動，要抓住本質，注重實效，不要被表面文章所迷惑。

16 為人處世，信用第一

小信成則大信立。

——《韓非子．外儲說》

【譯文】

小的信用能夠遵守，則大的信用才能確立起來。

【經典故事】

晉文公帶兵攻打原國，他開始估計十天之內可以打下原國，所以只帶了十天的口糧，與將士們約定，十天之內結束戰鬥。可是打了十天，原國還是未能攻克。於是晉文公下令鳴金收兵，要把部隊撤回去。就在這時，有從原國城裡逃出來的人透露消息說：「原城最多還能堅持三天，就一定會被攻陷。」左右大臣便勸諫晉文公：「原城裡看來已經力盡糧絕，支持不了多久了，我們還是再等一等吧！」晉文公說：「我跟大家講好十天結束戰鬥，現在十天已到，要是不回去，那就失去了我的信用。得到了原國，失去了信用，這樣的事情我不做。」晉軍還是罷兵而去。

原國人得知這一情況，紛紛說：「有這樣講信用的君主，我們為什麼不歸順他呢？」於是，他們就主動向晉國投降了。

衛國人聽說這件事，也說：「有這樣講信用的君主，我們為什麼不歸順他呢？」於是，衛國也歸順了晉國。

孔子評論這件事說：「晉文公攻克原國得到衛國，靠的就是守信用！」

還有一個講守信的故事：

魏文侯與山林管理官員約定某日要去打獵。可是到了那一天，不巧天公不作美，狂風大作，飛沙走石，沒法打獵。魏文侯身邊的人就勸他不要去了。

可是魏文侯不聽，他說：「我不能因為天氣不好就說話不算數，失去我的信用。」於是他執意親自駕車，頂著狂風趕到山林獵場，通知等候在那裡的山林管理官員們，讓他們回去。

【解析】

誠信是傳統道德的重要組成部分，是一個人立身處世的根本。誠實無欺，講求信義，是修身的重要內容。做到了誠信，不分什麼事情，大到治國、平天下，小到修身、齊家，也不分對象，不論是對大人還是孩子，都必須以誠信為基礎，以誠信來約束自己，這樣才能取信於人，讓別人也相信自己。

在現代的社會上，人與人之間更要講究信用，因為講誠信的人是最能得到人心的。

17 曾子殺豬，守信重諾

嬰兒非有知也，待父母而學者也，聽父母之教。今子欺之，是教子欺也。

——《韓非子．外儲說左上》

【譯文】

小孩是無知的，要向父母學習，聽父母的教導。如今你欺騙小孩，就是在教小孩欺騙。

【經典故事】

孔子的弟子曾參強調做人要誠實，他也用這個原則來對待和教育自己的孩子。

一天，曾參的妻子想要上街去，但是她的小兒子拉著她的衣襟，又哭又鬧，一定要跟著去。他妻子被鬧得沒有辦法，就只好騙孩子說：「只要你答應留在家裡，媽媽上街回來了，就殺豬煮肉給你吃。」她的小兒子聽了非常高興，因為曾參的家裡非常貧窮，平常的時候很少吃到肉。因此曾參的兒子信以為真，乖乖地回家等著媽媽回來以後殺豬吃肉。

曾參的妻子從街上回來以後，大吃一驚地發現，曾參已經用繩子把豬給捆上了，旁邊還放著一把雪亮的尖刀，正在準備殺豬呢。她便急忙走上前去阻止他說：「我剛才是和小孩子說著玩的，只是想哄他回家罷了，並不是真的要殺豬，你怎麼就動手了呢？」

曾參說：「孩子是不能欺騙的。孩子小，什麼都不懂，只會學父母的樣子，聽父母的教導。今天你說話不算數，欺騙了孩子，就是在教孩子說謊話。再說，母親欺騙了孩子，孩子覺得母親的話是不可靠的，以後你再對他進行教育，孩子就不會那麼容易相信你的話了。為了完善孩子心性的美好，所以我們就應該守信重諾，說了殺豬吃肉，就必須實現諾言。」

【解析】

身為父母、長輩，就要負好身教的責任，這比光嘴上說的功效來得深刻許多！小孩子正因為無知，所以對於外在的環境有著極強的模仿力。在年幼之際，家庭教育是一個最重要的基石，這關係到將來的人格特質。父母是個嚴謹守信的父母，那小孩也會是重視承諾的人；父母若是擅於逢迎欺瞞之徒，那小孩可能也是個撒謊成性的人。

沒有人希望自己的小孩將來是被眾人所不容的！正因為如此，為人父母的就不應該教育小孩錯誤的觀念，做錯誤的示範。或許很多父母會認為那只是件無所謂的小事，更或許是貪一時之快！卻不知道這可能會在小孩心中造成多大的影響！曾子的夫人認為欺騙小孩無所謂，只是哄哄罷了，卻被曾子給制止了，並且也完成事先答應孩子的承諾，這就是身教的落實。

「勿以惡小而為之」，要能時時留心，先管好自己才能有效地推行出去。

韓非子將其推而廣之，說：調教兒子尚且如此，調教老百姓就更是如此了。如果做在上位者對老百姓說話不算數，老百姓也就不會拿上面的法令當回事了。

18 心似山海，胸如天地

大人寄形於天地而萬物備，歷心於山海而國家富。

——《韓非子．大體》

【譯文】

領導者的氣度要像天一樣遼闊而使萬物齊備，其涵養像山海一樣宏大，國家才能富強。

【經典故事】

從前，晉國的公子重耳在外流亡時，曾經來到曹國。

曹國的國君對晉公子重耳很不禮貌，居然在重耳洗澡的時候去偷窺，因為他聽說重耳的肋骨長得與別人不同，是像門板一樣聯在一起的。偷窺時，被重耳發現了。當時曹大夫厘負羈和叔瞻也在場。事後，叔瞻對曹君說：「晉公子可不是平常的人，將來說不定有大作為。您今天對他無禮，將來他得勢了，恐怕要來報復，加害於曹國。我看趁他在這兒，乾脆把他殺掉算了！」曹君沒有同意。

厘負羈回到家中，有點悶悶不樂。他妻子問他怎麼回事。厘負羈說：「唉！有福我沾不到邊，有禍我肯定受牽連。今天國君招待晉公子很無禮，當時我也在場，所以，我心裡覺得好難過。」

妻子說：「是啊，我看晉公子這人，將來是做萬乘之主的人；跟著他的那幾個人，也個個是做萬乘之相的人。如今他們是暫時走投無路，經過我們曹國，我國卻對他無禮。將來他一旦回國得權登基為王，一定會報復那些在他流亡期間對他無禮的人，那麼首當其衝的就是曹國了。我看你還是趁早跟他拉拉關係吧！」

於是厘負羈就找出一隻罐子，底下放了點黃金，上面蓋了些吃的東西，最上面又加了一塊玉璧，連夜派人送給晉公子。公子見了使者，再拜表示感激，但是他不肯接受玉璧，只把罐子留下了。

後來，公子重耳從曹國去了楚國，又從楚國去了秦國。

在秦國住了三年之後，秦穆公召集群臣商議說：「從前晉獻公跟寡人是好朋友，諸侯們都知道。晉獻公去世已經差不多十年了，他的繼任者沒什麼人品，我怕他的宗廟會斷了香火。我打算讓公子重耳回晉國即位。你們看怎麼樣？」大家都說好。於是秦穆公就下令發兵，率領戰車五百乘，騎兵兩千，步兵五萬，讓重耳打回晉國，立為國君。

重耳即位三年之後，決定出兵討伐曹國。

他派人帶信給曹君說：「你把那個叫叔瞻的從城牆上吊出來，我要殺了他的頭示眾！」又派人帶信給厘負羈說：「我的大軍就要進城了，我知道你對我很好。請你在你家族居住的地方做好標記，我將下令叫我的士兵不得冒犯。」

曹國人聽到這個消息，紛紛拖兒帶女逃到厘負羈家去避難，一下子湧去七百多戶人家。

這就是待人有禮的好處啊。

曹國是個小國，在晉、楚兩個大國之間的夾縫裡求生存，本來已經是危如累卵，還要對大國的公子無禮，這就難怪要亡國絕世了。所以說，小國無禮，不聽勸諫，難免要亡國絕世。

【解析】

一個領導人絕對要有恢弘的氣度，他才能夠帶領屬下，才能有一番作為。春秋首霸齊桓公，他就是一個氣度恢弘的領導者，尤其從他任用管仲一事就可以知道。因為管仲曾經當著桓公的面射殺桓公，結果當是未竟，然而桓公居然可以盡棄前嫌，接納管仲為相國，也因此助己成為諸侯的霸主。

好的領導者都是真正心胸寬闊的人，不會因為芝麻綠豆小事給纏住，這樣才會令下屬覺得可靠。有寬闊的胸襟，才會有遼闊的視野，步伐也才能邁得大。所謂「宰相肚中可撐船」，說的正是領袖的氣質。

19 智有不立，力有不舉，強有不勝

天下有信數三：

一曰智有所不能立，二曰力有所不能舉，三曰強有所不能勝。

——《韓非子．觀行》

【譯文】

天下有三項必然的道理：一是智慧總有辦不成的事，二是力氣總有舉不動的物體，三是強壯總有勝不了的對手。

【經典故事】

衛國的執政大夫孫文子出訪魯國，魯襄公接見了他。

按照禮節，孫文子是卿，魯襄公是國君，兩人不可以平起平坐。上臺階時，孫文子應當保持比魯襄公低一個臺階往上走才對，可是孫文子沒有這樣做。魯襄公上到第幾級，他也一同上到第幾級。

魯國的禮儀官叔孫穆子趕緊走上前對孫文子說：「各國諸侯會盟的時候，我們魯國國君都沒有排在衛國國君的後面。如今您作為衛國的卿士，不肯依照禮節比我們國君後一步上臺階，難道我們國君做了什麼錯事了嗎？請您稍稍慢一點！」

可是孫文子對叔孫穆子的話不予答理，臉上也沒有一點歉意。

事後，叔孫穆子對人說：「我看孫文子不會有好下場，遲早要滅亡。他得意忘形，連自己是臣子的身分都忘記了，居然跟君主平起平坐，分庭抗禮；明知錯了，卻一點歉意也沒有。這樣下去，沒有不滅亡的。」

韓非子不同意他的說法，評論說：天子失道，就會有諸侯來討伐他，所以出了商湯、周武；諸侯失道，就會有大夫來討伐他，所以有田氏代齊，三家分晉。如果說，為臣的敢於跟君主分庭抗禮就遲早要滅亡，那敢於討伐君主的臣子又將如何？像商湯、周武、田氏，以及韓、趙、魏三家，豈不早就該滅亡了嗎？孫文子在衛國，實際上已經大權在握，相當於國君；他到了魯國不肯降格為臣，那是因為他實際上已經由臣變成了君。君主政治上有過失，臣子就找到了控制權力的機會。

叔孫穆子不說君主失道會導致國家滅亡，卻只說得到權力的臣子要滅亡，說明他看問題看得不透徹。魯國君主是無權誅殺衛國大夫的，而衛國君主的智力又不足以看清孫文子的野心，何以見得孫文子將要滅亡呢？孫文子正是因為膽子大，臉皮厚，敢於跟君主平起平坐，即使做錯了也不會道歉，才能夠青雲直上，獲得君主的權勢。

當然，這個問題如果從另一個角度來看：君臣地位的確定，是有制度上的規定的。制度規定，君與臣各有各的名分。臣之所以能奪得君主的權力，那可能是因為臣比君更得民心，從而使權勢均衡發生了偏移。權勢並不是僅憑主觀意願就可以奪到的。凡是超越名分、強取豪奪的，眾人往往就是不給他；凡是降低姿態、辭讓躲避的，民眾往往就要給他，就要依附他。夏桀向岷山氏強索美女，商紂要挖出比干的心，結果天下人心離開了他們。商湯曾經改名換姓，周武曾接受別人的咒罵，海內的人反而臣服於他們。田氏在外做過僕人，趙盾曾躲避到山裡，齊、晉兩國的人民反而追隨他們。由此看來，則商湯、周武並不是只憑膽子大、臉皮厚，硬把君權搶到手，而是他們事實上已經得到了民眾的擁護，然後才水到渠成，以君自居。如果並沒有得到民眾的擁護，卻已經儼然以君主自居，那就是倒行逆施，違背道德。倒行逆施，事情肯定要失敗；違背道德，一定會激起民眾怨恨。這種人將要走向滅亡，難道不是很明顯的嗎！

【解析】

韓非所舉的三項道理，雖然未必就是真理，目的卻是想要告誡人們：天下間沒有絕對的事，只有相對的事物。地球上所有的事物都是有限的，哪怕是人的思維也是如此！

人類的思維可以算是最寬廣的了，幾乎可以到達無限的地步，但是要注意的是，那是集眾人思想的結果。若是只憑著一個人的思想，那是有很大的局限性的，就算他的智慧再高，也突破不了地方文化給予的影響。

在十六世紀末葉，基督教的傳教士是當時歐洲最有學問的人了，當利馬竇一行人來到中國，發現中國的文化是如此的悠久、進步時，他們全都嚇呆了！這是中西方正式接觸的時刻，許多中國的文化藝術傳入歐洲，並且改變了歐洲人的觀念，中國人也接收了西方一些新的發明等等。這就是集眾人思想的結果。

如果，中國的建築結構沒有傳入西方，憑歐洲人的頭腦，也蓋不出穩固的高大建築與橋樑；而歐洲的製圖方式若沒傳入中國，那中國的地圖可能還只是標明大概而已。所以，連智慧都有其局限了，更何況是其他的部分？隨時補充自己的能量，不要將自己的思想束縛得死死的，太陽底下總還有新鮮事，沒有所謂的「絕對」這一回事。

20 事有法規，人有常情

明主慎法制，言不中法者，不聽也；行不中法者，不高也；事不中法者，不為也。

——《商君書・修權》

【譯文】

英明的君主謹慎地對待法規制度，言談不合乎法規的人，不能聽信他；行為不合乎法規的人，不可高看他；事情不合法規的，就堅決不去做。

【經典故事】

春秋時，齊桓公九合諸侯，一匡天下，聲振八方，成為春秋五霸中的第一個，也是最強的一個。這一切，多虧了國相管仲的輔佐。

齊桓公對管仲很尊重，稱他為「仲父」。後來管仲老了，不能上朝理政了，就在家休息。齊桓公到管仲家中去探望他，順便請他推薦接班人。

桓公問道：「仲父啊，你在家養病，假如萬一你這個病好不了了，我應該把國家的政事交給誰呢？」

管仲說：「我老了，腦子不好了，這個問題不可以問我。常言道：知子莫如父，知臣莫如君。您應該是最瞭解您的大臣們了。您就試著根據您自己的心意來決定，我來給您參謀參謀。」

於是桓公便問：「鮑叔牙這個人怎麼樣？」

管仲說：「不行！鮑叔牙這個人剛愎、固執、嚴苛，對下面的人態度很粗暴，很兇，容易觸怒民眾，不得民心，很難使眾人順服。而且他心中沒有什麼懼怕，有點隨心所欲。這種人不能輔佐霸王的功業。」

桓公又問：「那麼，豎刁怎麼樣呢？」

管仲說：「不行！豎刁知道國君喜歡女人卻又好吃醋，就操刀把自己閹割了，來為您管理內宮。您要是以為他真的愛護您，那就錯了。人之常情是沒有不愛護自己身體的，可豎刁連自己的身體都不愛護，他還會愛護別人嗎？」

桓公又問：「那麼，衛公子開方怎麼樣？」

管仲說：「不行！齊國和衛國之間，相距不過十天的路程。可是開方在您身邊，為了討您歡喜，十五年來都沒有回家看過父母。這也不符合人之常情。一個人連自己的親身父母都不愛，他能真心愛國君您嗎？」

桓公又問：「那你看易牙怎麼樣？」

管仲說：「不行！易牙為君主做廚師，君主什麼山珍海味都嘗過了，就是還沒有吃過人肉。易牙就把自己兒子的頭割下來蒸熟了給君主吃。您知道，人之常情是沒有不愛自己子女的，這個人居然能把親兒子的頭送上君主的餐桌！親兒子都不愛的人，又怎麼會真的愛君主呢？」

齊桓公最後問：「我想到的這些人，你都說不行。那麼，到底誰行呢？」

管仲說：「隰朋可以。隰朋這個人，作風正派，意志堅定，沒有私心，堅守信用。作風正派，就可以成為大家的表率；意志堅定，就可以擔當重任；沒有私心，就能夠團結群眾；堅守信用，就能夠取信於鄰國。這個人才是霸王的輔佐之才，君主可以重用。」

齊桓公當時嘴上答應了一聲，但並沒有真正把管仲的話記在心裡。

過了一年多，管仲死了。齊桓公並沒有重用隰朋，而是起用豎刁接替管仲的位子。豎刁掌管政事三年。有一次，齊桓公到南方出巡，豎刁就夥同易牙、衛公子開方和其他一些大臣一起作亂。最後，齊桓公被他們關在一間小屋裡，不給吃不給喝，活活餓死。死了三個月都沒有人去收屍，屍體上生滿了蛆蟲，從小屋的門縫裡往外爬。

想當初，齊桓公率兵橫行天下，成為春秋五霸之首；最後居然死在自己信任的這幾個小人手裡，損害了自己的美名，被天下人嘲笑。為什麼會這樣？就是因為他不聽管仲的忠告。所以說，自己有錯誤，又不肯聽忠臣的勸諫，一意孤行，最終必然身敗名裂，被天下人嘲笑。

【解析】

清朝道光年間，欽差大臣林則徐南下廣東，調查鴉片走私的情況。一經調查，發現為數不少的西洋人都暗中走私鴉片！林則徐要求西洋人乖乖交出鴉片並簽下保證，唯獨英國人不從。這下子，惹火了欽差大人，他下令包圍英國人住所，英國方面也集結戰艦侵略中國。戰爭一打，結果道光皇帝將林則徐貶到新疆，同時也被迫同意鴉片正式進口。這樣一來，中國近代悲慘的序幕就此開啟。

林則徐的行為是要保護中國人的健康，也要維護中國人的自尊，結

果卻因清帝國的軍隊太過散漫、腐敗之故，輸給了英國軍隊。而這些罪過卻要一個良臣來承擔。也難怪，當林則徐被貶到新疆時，所有知情的士大夫、百姓，全都感到惋惜不已！清朝的領導者們從道光以來到宣統結束，都是這樣顛倒是非的，所以是註定要覆滅的了。

領導者對於其統轄的範圍之內，無論是人、事、物何者，只要是正確的、有利的，就應該要鼓勵、支持；而錯誤的、有害的，則一定要禁止、懲罰。或許，鼓勵或禁止一時之間無法立即收效，或是底下的人提出不同的意見時，仍然要堅持下去，這就是領導者該有的魄力！只要是對的就該去做。否則一個顛倒是非、倒行逆施的領導者，怎能管理好其所屬的範圍？

21 心直身正，不懼奸佞

景不為曲物直，響不為惡聲美。

——《管子．宙合》

【譯文】

一件物體本身就彎彎曲曲，那麼它的影子不可能是直的；如果一種聲音本來很難聽，那麼它的回聲就不可能優美動聽。

【經典故事】

漢武帝七十一歲那年，體弱多病，知道自己活不長了，就指定八歲的小兒子劉弗陵在自己死後接替皇位，並且任命霍光為大司馬大將軍，叫他輔佐年幼的皇帝管理國家大事。

霍光擔負這樣重大的責任，工作更加勤懇謹慎。他公正無私，賞罰分明，把國家大事管理得井井有條。

由於霍光輔佐漢昭帝實行與民休息的政策，因此他的威信愈來愈高，只要一提起大司馬大將軍霍光的名字，老百姓沒有不佩服的。可是，朝廷裡那些想跟他爭權的人，卻認為霍光礙了他們的手腳，使他們不能為所欲為，恨透了霍光。

左將軍上官桀是第一個想跟霍光爭權的人。上官桀為了跟霍光爭權，透過漢昭帝的大姐蓋長公主的幫助，把自己的孫女嫁給了漢昭帝。過了幾個月，這個六歲女孩就被立為皇后。因為這個關係，上官桀就被封為安陽侯，他的兒子上官安被封為桑樂侯。上官桀成了皇親國戚，不僅地位更加顯貴，而且有了更多的機會接近漢昭帝。

蓋長公主幫助了上官桀，上官桀就想找個機會報答蓋長公主。他聽說蓋長公主有個情人叫丁外人，就跑到霍光那裡去請求給丁外人封侯。霍光不徇私情，直話直說地告訴上官桀：「高祖在世的時候，立下規矩，無功不得封侯。丁外人沒有功勞，你沒有理由替他求封。」上官桀又懇求說：「不能封他為侯，拜他做光祿大夫總可以吧！」霍光說：「那也不行，丁外人的名聲很不好，什麼官職也不能給他。」上官桀碰了一鼻子灰，很不高興，就跑到蓋長公主那裡加油添醋地訴說一番。這樣一來蓋長公主也恨透了霍光。

為了反對霍光，上官桀、上官安和蓋長公主又去聯絡御史大夫桑弘羊。桑弘羊曾經替漢武帝搞鹽鐵專賣，又是個會理財的專家，他就想以這些功勞作為資本，替自己的兒子在朝廷裡謀個官做，可是霍光不同意。霍光說：「你桑弘羊有功勞，皇上賞賜你。你的子弟不能靠著你的功勞做官，應當憑他們自己的本領吃飯。」因為這個緣故，桑弘羊也恨透了霍光。桑弘羊看到上官桀他們這個集團裡都是皇親國戚，又有皇帝的姐姐蓋長公主做靠山，認為準能鬥得過霍光，他就參加了這個集團。

霍光平日辦事小心謹慎，上官桀他們挖空心思也找不出霍光的差錯。他們這些人都和燕王劉旦有聯繫，於是就想利用燕王劉旦來反對霍光。有一次，霍光到長安附近的廣明去檢閱軍隊，並且調了一個校尉到大將軍府裡去。上官桀等人就用燕王劉旦的名義，偽造了一封書信，送到漢昭帝那裡去告發霍光。信中誣衊霍光要圖謀造反。

而漢昭帝憑才智揭穿了這一陰謀。不但沒有治霍光的罪，並且還當場下令，要追查假造書信的人。上官桀怕追查下去查出他們這個陰謀集團，就勸漢昭帝說：「這是小事情，陛下不必追究了。」漢昭帝卻沒有聽信他的話，還是一個勁兒地追查。

上官桀見漢昭帝繼續追查，怕陰謀敗露，就採取以攻為守的策略，屢次在漢昭帝面前說霍光的壞話。漢昭帝每次聽了都大發脾氣，他說：「大將軍是忠臣，先帝臨終前囑咐他輔佐我治理天下。他幫我辦了許多好事，這是有目共睹的。今後再有人誹謗他，我一定要重重責罰。」從這以後，上官桀他們才不敢再說霍光的壞話了。可是他們還不死心，又佈置了另一個陰謀，由蓋長公主出面請霍光喝酒，在廳堂四周埋伏下武士，準備乘公主勸酒的時候，命武士們衝出來，把霍光殺死，然後再廢掉漢昭帝，迎立燕王劉旦做皇帝。

可是紙裡包不住火，上官桀他們的這一個陰謀，還沒有來得及實行就敗露了。霍光奏明漢昭帝以後，

殺了上官桀、上官安、桑弘羊、丁外人等一夥。燕王劉旦和蓋長公主見事情不妙，都自殺了。一場內亂就這樣平定了下來。

霍光輔佐漢昭帝十三年，一直忠心耿耿。漢昭帝去世後，漢宣帝即位。漢宣帝當時只有十八歲。霍光又輔佐了他六、七年，教他如何做一個好皇帝。地節二年（前六十八年），霍光去世。漢宣帝和皇太后親自為霍光主持葬禮，用十分隆重的禮儀把他安葬在漢武帝的陵墓旁邊。

霍光因為位高權重，遭到上官桀、桑弘羊、蓋長公主等人的誹謗陷害，但他一心為公、忠誠正直，依然受到皇帝的信任。「身正不怕影子斜」，所以為人處世一定要堅守正道，因為只有這樣，才不會被流言蜚語擊倒。

【解析】

這句話也可以反過來講，物體本身是直的，它的影子就不會彎曲；聲音本來優美，回聲就不會難聽。對於人來說，一個人本來品質惡劣，自己怎麼標榜，別人怎麼奉承，他也不是好人。相反，一個人本來品行端正，別人怎麼誹謗，流言蜚語再多，他也不是壞人。這也就是我們現在所說的「身正不怕影子斜」。

22 與人為善，以和為貴

善氣迎人，親如弟兄；惡氣迎人，害於戈兵。

——《管子．心術下》

【譯文】

以和善之氣待人，便會關係融洽；對人橫眉豎眼，禍患甚於戰爭。

【經典故事】

魯宣公十七年（前五九二年），晉國國君景公邀請齊頃公參加諸侯在斷道（今河南濟源西南一帶）這個地方的盟會。

晉景公派大夫郤克先到魯國，與魯國上卿季孫行父同去齊國。到了齊國，正碰到衛國上卿孫良父、曹國大夫公子首也到齊國辦理外交事宜，四人便一起入朝覲見齊王。這四個人，郤克一目失明，季孫行父禿頂，孫良父是跛子，公子首駝背。

齊頃公接見使者時，為這巧合暗笑不止，退朝後，作為笑料告訴他母親蕭太后。為了使蕭太后高興，齊頃公第二天設宴款待使者時，特地選了一個一目失明的人為郤克駕車，讓一個禿子為季孫行父駕車，讓一個瘸子為孫良父駕車，讓一個駝背為公子首駕車，然後請蕭太后在使者經過的一處高臺上窺視。蕭太后見這情況，不覺大笑，左右宮女也嬉笑喧鬧，笑聲傳出很遠。

聽到笑聲，四國使者一驚，郤克立刻明白了她們笑什麼，就讓副使留在齊國，等候齊頃公答覆參加盟會的事。並說：「如果不能完成齊國的任務，你就不要回國覆命了。」說完，他就立刻離開了齊國。

郤克的突然不告而辭，讓齊頃公意識到了蕭太后的笑聲要引起禍難，就不敢親自參加斷道盟會，但又不能沒有表示，便派高固、晏弱、蔡朝、南郭偃四位卿士代他參加。

齊國的四卿走到半路上，高固對其他三人說：「形勢不對，我們去參加盟會，這是用四個卿士來代替國君，凶多吉少，不能去。」高固的話引起三位的深思，他們想到蕭太后笑出聲以後郤克的突然回國，認為可能有麻煩，但覺得跟他們沒有多大關係，於是說：「兩國交兵，尚不斬來使，何況是盟會呢！」但高固堅持回國都了，晏弱等三位就去了斷道。

三個使者擔驚受怕，好在盟會上晉國並沒有過分地難為他們，三人以為沒事了，是高固杞人憂天。會後，齊國三個使者踏上回國的路，剛走了一段路，晉軍就逮捕了晏弱；又走了一段路，晉兵又逮捕了蔡朝；又過了一個地方，晉兵逮捕了南郭偃。但逮捕時，晉國都不說明理由，是以莫須有的罪名把他們逮捕的。

晉卿苗賁皇在路上遇到晏弱，得知晉國的行為，就去對晉景公說：「這三人並沒有罪，我們逮捕了他們，別人會說晉國君臣不守信義；又久久地不放了他們，有什麼好處呢？這樣讓逃回的人得到了理由，又傷害了前來會盟的人。」晉景公被說服了，但沒向齊使者道歉，僅僅放鬆了看管，使晏弱、蔡朝、南郭偃三人得以逃回齊國，劫難總算結束了。

而郤克怨氣未消，後來齊晉兩國發生戰爭，郤克領兵奮擊，齊兵大敗，兵士死傷無數，齊頃公幾乎被活捉。

蕭太后不懷好意的一笑，代價可謂慘重。

【解析】

「善氣迎人，親如弟兄；惡氣迎人，害於戈兵。」這句話在今天不僅對統治者，而且對每一個普通人都有教育意義。俗話說「相逢一笑泯恩仇」，對人善良和氣，並且表現出應有的尊重和禮貌，是與人交往、營造融洽氣氛的前提，有時甚至能起到化干戈為玉帛的良好效果。相反，對人橫眉冷眼或無禮戲弄，不僅表明自身修養不高，而且也容易激起別人報復，從而招致禍患。

這句話強調善惡兩種不同待人方式所帶來的不同結果，從而告訴我們內心修養的重要作用，人的內心如果達到端正安定的境界，身體就堅韌，性格就剛強，能頂天立地，目視虛空，觀察如同日月。只要不失正靜，則德行將與日俱新。

23 堅定信念，堅持主見

不以其所疑敗其所察則難也。

——《韓非子．外儲說右上》

【譯文】

不讓自己所懷疑的事物去破壞自己所認定的事情，那才是真正的困難。

【經典故事】

唐堯在位日久，感到自己年紀老了，精力不濟，想挑選一位繼承人接掌帝位，他問大臣們說：「各位能否推選一位賢才來接替我的職位？」

有大臣說：「您的兒子丹朱通情達理，可以接替帝位。」

唐堯嘆了口氣說：「唉，丹朱兇狠頑劣，不能即位，大家另選賢才吧。」

大家議論紛紛，有人說：「民間有一個叫虞舜的年輕人，聽說很不錯。」

唐堯聽見這話，立即接過話頭：「我也聽說過虞舜，大家都說他又孝順又賢明，是不是這樣？」

一位大臣走上前說：「是的，虞舜的確十分孝悌。他父親是個瞎子，糊塗透頂；繼母很愚頑；弟弟象為人十分傲慢。可是虞舜卻能以自己的美德感化他們，使他們不至於滑向邪惡的泥潭，一家人得以和睦相處，實在難得。」

唐堯聽了大臣的話，覺得虞舜是繼承帝位的合適人選。但為了慎重起見，他決定全面考察虞舜的品行。唐堯首先將自己的兩個女兒娥皇和女英嫁給虞舜，觀察他如何對待兩位妻子。

虞舜娶了娥皇、女英後，並不因為她們是帝王的女兒而格外嬌寵她們，而是讓她們按普通百姓家的規矩禮節去拜見公婆，而且讓她們操持家務，侍奉公婆，一點也不特殊。唐堯認為虞舜做得對。接著，唐堯讓虞舜掌管教育之事。虞舜便大力推行愛護子女、親近兄弟、孝順父母的道德風尚，一時天下民風淳厚，世道清明。

唐堯見虞舜做出這樣好的成績，十分高興，就讓虞舜協助他管理百官。虞舜對待百官舉止得當，辦事公正。百官都願意服從虞舜的命令。唐堯又讓虞舜去接待朝見的諸侯和遠方外邦的使者。虞舜對待諸侯和使者謙恭有禮，和藹可親，這些人對他彬彬有禮的君子風範讚不絕口。

唐堯經過多年考察，認為虞舜的確十分賢明，有足夠的能力治理好天下。於是，唐堯下令舉行禪讓大典，把帝位讓給虞舜，自己則退位養老。

鯀聽到這個消息，就派人前來勸阻說：「不吉利啊！虞舜出身卑微，怎能把天下大權傳給一個普通人呢？」

唐堯不接受鯀的勸阻，發兵把鯀誅殺在羽山的郊野。

共工又勸阻說：「怎能把天下大權傳給一個普通人呢？」

唐堯不接受共工的勸阻，把共工流放到幽州。

這樣一來，天下再沒有人敢站出來反對，於是虞舜順利地接受了禪讓。

孔子讀了這段史事後說：「對堯來說，知道舜賢明並不困難。至於誅罰勸阻的大臣，而堅持要把天下傳給舜，這才是困難之處。」

【解析】

對一件事、一個人的瞭解並不難，只要深入觀察，拿一些事情去讓他實踐，然後用標準來衡量他的好壞。關鍵的是一些阻礙，有內部的，也有外部的。人們在惡性競爭中最易喪失自己的認識，有時候自己肯定的事，在反覆之中也會變得糊塗起來。因此主見就顯得重要了，一個沒有決斷能力的人是做不成大事的。

24 以其不病，是以無病

聖人之不病也，以其不病，是以無病也。

——《韓非子·喻老》

【譯文】

聖明的人之所以沒有苦惱，是因為不把苦惱當作苦惱，所以不苦惱。

【經典故事】

從前，有一個國家裡，一位非常了不起的大臣死了，這個大臣不僅絕頂的聰明，而且還是個傑出的外交家。要找一個替代他的人是非常困難的，整個王國都在找，所有的大臣都被派去尋找。

尋遍了整個王國，最後找到了三個人。一個是偉大的數學家，他能解決所有的數學問題。因為在當時數學是真正的唯一確定的科學——所有的科學都是它的分支。另外一個是偉大的哲學家，他還是偉大的魔術師，他能創造神，創造理論，創造一切，而他手中卻是空的。第三個人是教士，一個信任上帝，每天都在祈禱的人。

這三個人來到皇宮，國王要考察他們，就對他們說：「你們有三天的時間休息和準備，第四天早上考試。在你們中間會被挑選出一位。他將成為我最重要的大臣——當然，他要被證明是最有智慧的人。」

他們開始以各自的方式準備了。三天根本不夠……數學家不得不想出很多實驗和作法，所以，這三天裡他不去睡覺也不吃東西，因為一旦他被選上，他一輩子就會很幸福，在測試前他必須做充足的準備。哲學家開始思考，許多問題要去解決，他要準備好所有的題來對付考試。只有教士吃得香、睡得好，他每天祈禱，然後去散步。因為對一個做教士的人來說，沒有將來，沒有最後的考試，每一刻都是考試，所以你如何能為它做準備呢？

到了第四天的早上，當他們要去皇宮參加最後的考試時，那個數學家簡直無法走路了，他做實驗做得太累了，好像隨時都會倒下睡著，現在他頭腦混亂，簡直快要發瘋了！那個哲學家因為他思考再思考，辯論再辯論，他也是思維混亂。只有教士開心地走著、唱著，他能聽見樹上小鳥歌唱，能看見陽光。他什麼也不用擔心，因為他不知道考試是什麼，他只是要面對它，看看什麼正在發生。他並不要求任何東西，也並不抱任何希望。

國王為他們設計好了一個非常特殊的試題。他們進入了一個房間，加上了一把鎖，鎖上有許多數字，但沒有鑰匙，那些數字是用來打開這把鎖的，如果那些數字能用一種特定的方式排列出，門便會打開。第一個從房間出來的人就會被選中。他們開始了。那個數學家立刻在紙上開始做很多實驗、很多事情，想很多問題。他看著、觀察著鎖上的數字，沒有時間可以浪費，這是一個生死攸關的問題。

那個哲學家也閉上了他的眼睛，開始用自己的方式來思考，這個謎怎樣才能被解開，這個謎完全是新的。

那個教士不去看鎖，因為他能做什麼呢？他一點也不懂數學，也不知道什麼科學實驗，他能做什麼呢？他只是坐在角落裡，唱了會兒歌，向神祈禱，閉上了眼睛。那兩個人以為，他不是競爭對手：「這倒是挺好的，因為事情不得不在我們倆中間決定，少了一個對手。」然而，突然間，他們意識到教士已經離開了這間房間，他不在了，門開著！

國王跑進來說：「你們現在還在做什麼？已經結束了！有人已經出來了！」

他們知道那人並沒做什麼，可是他是怎麼打開的鎖呢？所以就去問那個教士。教士說：「我只是在坐著，內心對我說：『你真笨！應該過去看看，門到底上沒上鎖。』於是我便走到門那邊。它沒有被鎖住，沒有什麼問題要解決的，所以我就走出來了。」

【解析】

人生在世，總是會有順遂與不如意的時候。在順遂當中，人心必定是愉悅而滿足的，但是若換作落到谷底的時候，心裡面也多半是煩悶愁苦的。其實人生就是這樣子起起浮浮的一路走過來，有幾個人能不如此呢？極少又少的人才可能長處於高峰或是低谷兩個極端吧，但幾乎是找不到的！

如果正身處谷底，千萬別以為就此結束了，這時應該好好地給自己加油，再善用自身的既有條件，一定很快地又會起來的！

25 復古守舊，拘循現狀

聖人不法古，不循今。

法古則後於時，循今則塞於勢。

——《商君書．開塞》

【譯文】

聖賢的人做事不復古守舊，也不拘循現狀。

復古守舊者必將落後於時代，拘循現狀者必將阻塞於時勢。

【經典故事】

古時候有個叫牛缺的人，他很有學問。有一次他坐著馬車去趙國，在路上遇到一夥強盜。

「站住！要錢還是要命？」強盜拿著刀擋住去路。

牛缺微微一笑，從車上下來，把所有的錢財和馬車留給強盜，然後像沒事一樣，悠閒地走了。強盜們覺得很奇怪，因為以前他們搶劫時，被搶的人不是反抗就是苦苦哀求。像牛缺這樣的人，他們還從來沒有見過。

於是他們就追上去問牛缺：「我們搶了你的東西，為什麼你一點都不心疼？」

牛缺說：「錢財是供養自己身體用的，君子不會為了錢財去傷害自己的身體。」

牛缺走後，一個強盜說：「真是一個明白道理的人啊！」

另一個強盜說：「看他舉止是個很有才能的人，他見了趙王一定會受到重用，那時候他若讓趙王派兵來對付我們，我們的日子就不好過了，不如趁早把他殺了。」

強盜們覺得有道理，就又追上牛缺，把他殺了。

燕國有個人聽說了這件事，就把他的家族所有的人都召集在一起，教導他們說：「遇到強盜時可千萬別學牛缺呀！」

不久，這個人的弟弟要到秦國去，在函谷關下，也遇到了強盜。強盜搶他的包裹時，他想起哥哥說的話，就和強盜爭奪起來。強盜人多，包裹到底還是被搶去了。他就跟著強盜，一路不停地說好話，想把包裹要回來。

強盜們大怒道：「我們留你一條命，已經是對你夠好的了，你還跟著我們不停地囉嗦，把我們的行蹤都暴露了。乾脆一不做二不休，結果了你，省得你纏著不放。」於是就把他殺了，而且連他的幾個同伴也一齊殺死了。

【解析】

孟懿子問孔子「孝」是什麼？孔子回答他：不要違背父母的心意。孟武伯又問孔子一樣的問題，孔子回答他：關心父母的

身體。而弟子言偃也問「孝」，孔子卻回答：對父母要恭恭敬敬的。一名弟子卜商還是問「孝」，孔子回答：要和顏悅色侍奉父母。

同樣一件事情或是問題，孔子的答案會隨著提問者或事件的角度不同而有所改變。如上段的幾個回答都不盡相同，為何孔子會有這樣的轉變？這是因為孔子處理問題一定會根據物件來做判斷！這是孔子靈活的一面，他洞悉每個人的性格與不足處，並針對各個的缺失加以教導。也因為他的彈性大，所以其思想能經過數千年而不衰，這正是孔子的過人之處。又如：他稱讚管仲的智慧讓中國文化得以延續下去，但也批評了管仲奢華無度的行為。

商鞅認為歷史是一個發展的過程，不能復古守舊，也不能拘於現狀，這都是傾向保守落後的思想意識。如今，我們生活的空間是三度空間，所有的事件也都發生在這個空間，所以我們的思維也要是立體的，是多面向的。「靈活而隨機」是可以創造很多新方法與新的視野。

26 智者長慮，趨福避禍

智者究理而長慮，身得免焉。

——《管子・大匡》

【譯文】

有智慧的人能夠探究事情的規律而做長遠的打算，這樣自身才能免除災禍。

【經典故事】

魯桓公和夫人文姜來到齊國訪問，不想齊襄公竟然和文姜私通了。

這件事被魯桓公發現了。齊襄公不但不肯認錯，反而派大力士彭生趁魯桓公上車的時候把魯桓公勒死了。

國君不明不白地死在齊國，魯國肯定不會善罷甘休，齊襄公的荒唐行為使齊魯兩國結下了仇怨。

大夫豎曼認識到這一嚴重後果，就對齊襄公和彭生提出了批評，並且說：「智者究理而長慮，身得免焉。」勸告齊襄公做事應該從長遠著想，不要貪圖一時的痛快。

但事情已經無法挽回，齊襄公只好拿彭生當替罪羊，說魯桓公的死和自己沒有關係，完全是彭生造成的，殺死了彭生向魯國謝罪。彭生含冤而死，很多人為他抱不平。

一次，齊襄公外出打獵，射中了一頭大野豬，野豬人立起來大聲嚎叫，旁邊的侍從說那是彭生在哭。

齊襄公驚駭異常，從車上跌了下來，摔成重傷。又因為齊襄公對部下非常殘暴，將士們多年守衛邊境，得不到替換。現在齊襄公受傷，將士們乘機起來造反，把他殺掉了。

【解析】

齊襄公只顧眼前，做事魯莽，因而招來殺身之禍。因此我們做事情不能只顧眼前利益，一定要有長遠的眼光。

有很多時候，我們也會遇到這樣的情況：自己做的事情出了一點差錯，有人責問時，我們隨口推脫，甚至怨天尤人。這樣或許當時可以不受責罰，但真相早晚必將大白，到那時又如何是好？莫若在開始時就勇於承認，努力改正，總比到最後無法收場要好。

27 知人不難，貴在自知

知之難，不在見人，在自見。

——《韓非子·喻老》

【譯文】

瞭解事物的困難，不在於看清別人，而難在看清自己。

【經典故事】

楚莊王想攻打越國。杜子聽說後，就去晉見莊王，問道：「大王想討伐越國，是因為什麼呢？」

楚莊王說：「這是個機會呀！越國近期剛剛被吳國打敗，又碰上大旱，糧食歉收，人心不穩，正是政亂兵弱的時候，這時候去攻打它，很容易成功。現在不去攻打它，等它度過了這個難關，就再難有這樣的機會了。」

杜子聽了以後，長嘆一聲說：「唉，人們認識事物，就像眼睛看東西一樣啊！」

楚莊王不知杜子是什麼意思，又覺得他話裡有話，忙說：「難道先生以為有什麼不妥嗎？請先生指教。」

杜子沒接楚莊王的話，卻指著一百多步以外的一件東西問楚莊王：「那是什麼？」

楚莊王定睛看去，原來是殿前庭院中放著的一輛車子。

杜子又問他：「能看得十分清楚嗎？」

楚莊王點點頭：「能啊。」

杜子又回過身，指著楚莊王的眼睛問：「可是，大王您能看清自己的睫毛嗎？」

楚莊王想了想，如實回答說：「不能。」

於是杜子說：「就是這樣了。人的眼睛看東西，能看清百步之外的東西，卻看不清就在自己眼前的睫毛。人們認識事物，能認識遠處事物的本質，卻看不清自己身上的對錯。大王說越國政亂兵弱，那是沒錯。可是楚國呢？自城濮一戰後，楚國屢敗於秦晉，喪失國土數百里，兵難道強嗎？楚國境內，大盜為非作歹，禍害百姓，可是當官的卻拿他們沒辦法，這難道不是政亂嗎？以政亂兵弱的楚國去攻打同樣政亂兵弱的越國，勝負的可能各居其半，這怎麼能說是個機會呢？況且無緣無故地攻打別國，在諸侯之中立下壞名聲，今後什麼事情都不好辦了，這難道是什麼好事嗎？」

楚莊王聽後，沉思良久，說：「你說得沒錯。」於是，就放棄了攻打越國的念頭。

【解析】

楚王能夠看得見百步外的車子，卻看不見近在眼睛上的睫毛；能夠看得清越國的形式，卻看不清自己國家的狀況。這種情況不是也經常發生在我們現代人身上嗎？當一個人決定進退的時候，當一家企業制定策略的時候，我們是不是也需要有像杜子一樣清醒的人來警醒一下呢？

正視自己的一切，包括優點和缺點，正確評價自己，就會客觀地面對其他事物，把事情做好。

28 流言惑眾，三人成虎

夫市之無虎也明矣，然而，三人言而成虎。

——《韓非子．內儲說上》

【譯文】

市集上沒有老虎是明明白白的，然而，三個人說有老虎，就讓人信以為真了。

【經典故事】

戰國時代，各國相互攻伐，為了使大家能夠真正遵守信約，國與國之間往往將太子派往對方作為人質。根據魏趙兩國之間的協議，魏國將派太子到趙國的都城邯鄲做人質。魏王決定派大臣龐恭隨同前往，臨行前，魏王召見了龐恭，問他是否有什麼要求。

龐恭對於出使邯鄲並不害怕，他最擔心的是走後遭小人誹謗，於是對魏王說：「臣沒有什麼要求。不過，臣有一事不明，想請教大王。」

魏王說：「愛卿但講無妨。」

龐恭於是問道：「如果現在有一個人來告訴大王，說集市上有老虎，大王相信嗎？」

「當然不相信。」魏王毫不猶豫地回答道。

「如果又有第二個人來報告大王，說集市上有老虎，大王相信嗎？」龐恭又問。

魏王想了想，還是微笑著回答道：「不相信。」

「如果又有第三個人來跟大王說，集市上有老虎，大王相信嗎？」龐恭緊接著問。

「那我就不能不相信了。」魏王猶豫了一下，做了肯定的回答。

龐恭不無憂慮地說：「很顯然，集市上根本沒有老虎。但是三個人都說有，大王就相信集市上確有老虎了。」

說到這兒，龐恭看著若有所思的魏王，把自己的疑慮和盤托出：「現在邯鄲距離這裡比集市要遠得多，臣走後，朝中非議我的人將不止三個。雖然大王現在相信我，但我去邯鄲後，那些跟我不合的人都來大王面前說我的壞話，大王是否也會相信他們的話呢？請大王明察。」

「不會發生這樣的事情的，你放心地去吧！」魏王笑著安慰他。

然而，龐恭的疑慮終於成了現實。後來，魏王還是聽信了讒言，不再信任龐恭。當龐恭從邯鄲回來的時候，魏王已經不肯再見他了。

【解析】

流言易於惑眾，弄假往往成真。三人異口同聲，沒虎也能造出一隻虎來。謠言一再重複，就有使人信以為真的可能。所謂「兼聽則明，偏信則暗」，聰明人不會人云亦云。聽取他人的言論，要進行分析研究，經過多方面的驗證，查清事情真相，否則就會被謠言所蒙蔽。

成語「三人成虎」典出於此。

29 大起於小，族起於少

有形之類，大必起於小；行久之物，族必起於少。

——《韓非子．喻老》

【譯文】

有形狀的事物，大的必是由小的生成；經歷長久的事物，多的必定由少的生成。

【經典故事】

從前，有兩個快要餓死的人得到了一位漁夫的恩賜，一根魚竿和一簍鮮活的大魚。其中，一個人要了魚竿，另一個人要了魚。

得到魚的人原地就用乾柴搭起火煮起了魚，他狼吞虎嚥，還沒有品出鮮魚的肉香，連湯帶魚就被他吃了個精光，不久，他便餓死在空空的魚簍旁。另一個人則提著魚竿繼續忍飢挨餓，一步步艱難地向海邊走去，可當他已經看到不遠處那片蔚藍色的大海時，他最後的力氣用完了，他也只能眼巴巴看著眼前的希望，帶著遺憾死去。

又有兩個快要餓死的人，他們同樣得到了那個漁夫的恩賜，一根魚竿和一簍魚。只是他們並沒有各奔東西，而是共同去找尋大海，他倆把魚分開幾次吃，經過遙遠的跋涉，他們來到海邊，從此，兩人開始了以捕魚為生的日子，幾年後，他們蓋起了房子，後來，又有了各自的家庭、子女，有了自己建造的漁船，過上了幸福安康的生活。

一個人只顧眼前的利益，得到的終將是短暫的歡愉。一個人目標高遠，但也要面對現實的生活。只有把理想和現實有機結合起來，才有可能成為一個成功之人。

【解析】

許多事物都是由小的才會有大的；先有簡單的才會有複雜的。如遠古的地球，在混沌之際，天打雷劈的因緣際會下，原始海洋開始有了單細胞生物的誕生，經過數十億年的演變，地球上才會有如今種類繁多的生物，這就是由少變多的狀況。其他如工具器物的發明，不也都是由粗糙漸漸精細的嗎？

不光是有形的事物如此，連無形的也是相同。人的思考也是由笨拙變為今日的靈敏。法律也是一樣，當初遠古的舊石器時代，制度的概念尚未萌芽，人只憑著「動物本能」行為。往後的新石器時代，從考古遺跡來判斷，已經有了一些原始宗教儀式，但是仍十分的粗糙。制度的產生一直要到人類真正的進步和發展。

所以，法律從無到啟蒙，之間就有超過五十萬年之長，而從啟蒙到幾乎完善也是有一萬年的光陰。這過程算是很漫長了吧！一萬年的歷史，不也是人類思想由蒙昧無知、畏天敬鬼到科學昌明、文化鼎盛的一段時間嗎？故而我們知道法律制度的形成，正是人類智慧的結晶之一，那就更應該好好的重視它才是。

30 千里之堤，潰於蟻穴

千丈之堤以螻蟻之穴潰，百尺之室以突隙之煙焚。

——《韓非子．喻老》

【譯文】

千丈長的高堤，可能因為螞蟻的巢穴而潰散。百尺高的樓房，可能因為煙囪裂痕而遭火燒毀。

【經典故事】

戰國時候，齊國有一位非常出名的民間醫生，本姓秦，由於他醫術非常高明，人們就拿上古時代一位醫術非常高明的扁鵲的名字來稱呼他，時間久了，他的真名反而被人們淡忘了。

齊國的「扁鵲」治病的方法多種多樣，他不但能夠用醫藥治病，還能夠用針灸、按摩治病。他根據病人的病情採用不同的方法治病，效果極好。因此，扁鵲深受老百姓的歡迎和尊敬。

有一次，扁鵲經過蔡國，去拜見蔡桓公。他站在朝堂上跟蔡桓公說了幾句話，看了蔡桓公的面色後，說：「大王您有病，應該馬上醫治，如果拖延下去的話，恐怕就會深入到身體內部。」

蔡桓公不信，等扁鵲出王宮後對人說：「醫生都喜歡去醫治那些沒有病的人，讓人以為他很有本領。」

十天後，扁鵲再到朝堂上去看蔡桓公，說：「大王您的病已經深入到肌肉裡，再不抓緊時間治療的話，它就要更深入了。」

桓公依然不信，又有些生氣，便不理睬他。

又過了十天，扁鵲再次上朝察看桓公的病情，見桓公說話已略有氣短之跡，就說：「大王的病已經到了腸胃，再不治療，就要更深了。」

桓公聽了，仍然不理睬他。

再過十天，桓公有事外出，正好遇見扁鵲，扁鵲細看了桓公幾眼，什麼話也沒說，回身便走了。桓公覺得奇怪，派人去問是什麼緣故。

扁鵲對來人說：「病在皮膚表層的時候，用湯藥敷貼就可以治好；病在肌肉裡時，用針灸可以治療它；等病到了腸胃中時，可以用湯藥驅除它；而等病進入骨髓中時，那除了死神，誰都拿它沒辦法了。現在你們國君的病已深入骨髓，所以我什麼話也不用說了。」

去問話的人回來稟報後，桓公也覺得這幾日身體略有不適，但還是認為扁鵲的話是危言聳聽，不放在心上。

幾天後，蔡桓公遍體疼痛，臥床不起，派人去尋找扁鵲，才發現他早已到秦國去了。

蔡桓公不久就死了。

【解析】

《喻老篇》是韓非子用歷史故事和民間傳說闡發老子思想的哲學文章。老子說：「天下之難事必作於易，天下之大事必作於細。」又說：「圖難於其易也，為大於其細也。」韓非子對此做了形象的闡釋：千里長堤，因為螻蟻營窟而導致潰決；百尺高屋，因為煙囪裂縫的漏火而導致焚毀。因此說，要想控制事物，必須在它細小的時候著手，防患於未然。

許多事情在要發生前，總是會有徵兆，但是往往被人忽略，一個觀察敏銳的人，平日就會去留意周遭的一切事物，並且可以從被觀察事物中獲得一些啟示，而這些啟示就可以幫助人及早去做一些防範或準備，無論它是被導向負面或是正面。

成語「千里之堤，潰於蟻穴」即典出於此。

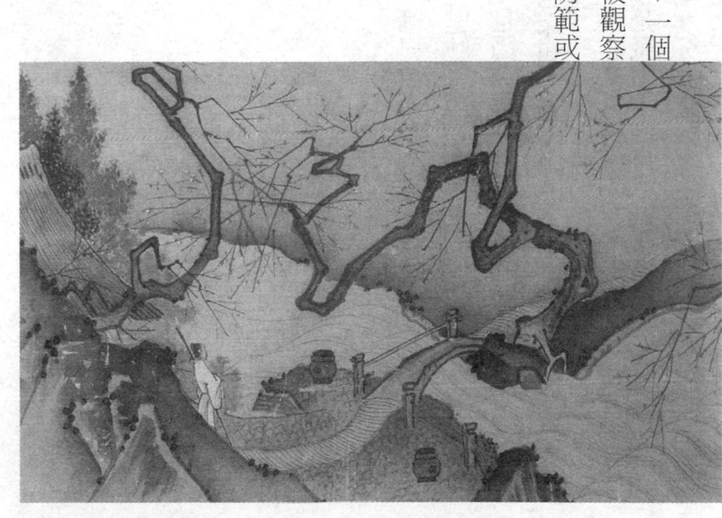

31 立志之難，在於自勝

志之難也，不在勝人，在自勝也。

——《韓非子．喻老》

【譯文】

立志的困難，不在於勝過別人，而在於戰勝自己。

【經典故事】

有一天，孔子的學生曾子在街上遇見在朝做官的師弟子夏。師兄弟多時未見，自然是異常親熱。

曾子笑道：「多日不見，你比以前胖多了。這一陣子都吃什麼好東西了？」

子夏也笑著回答師兄：「哪裡吃什麼好東西了，我這胖啊，是因為我終於戰勝了的緣故。」

「戰勝了？」曾子挺納悶，與這位師弟同門讀書多年，自己深知他為人謙遜平和，很重感情，從來沒聽說他與人有爭鬥之事，這到底是怎麼回事呢？

子夏見曾子滿臉疑惑的樣子，知道他誤會了，就說：「可不是戰勝了？自己戰勝自己了。」

曾子還是不明白。

「是這樣，」子夏進一步解釋道，「我每次進朝，見到朝堂上先王題寫的匾牌，看到朝堂上進退有致的肅雅禮儀，想到老師平日的諄諄教誨，總覺得學習古代聖賢的真理，這是極好的東西。而當我走出朝堂回家的時候，看到街邊有的房舍破落倒敗，而有的富麗堂皇。那些紅瓦朱牆的深宅大院裡，不時飄出陣陣酒菜之香，傳來聲聲美樂歡歌，就想，生活在這樣的家庭裡該是多麼快樂啊！這時候，我就又認為榮華富貴是最好的東西了。每天入朝與出朝，這兩種思想在我心中做著激烈的戰鬥，折磨著我的靈魂和肉體。所以以前你見我時，我才會是那個樣子。」

曾子聽出了深意，有點入神，不覺問道：「什麼樣子？」

子夏一笑，說：「瘦瘦的樣子呀！」

曾子不由問道：「那後來怎麼胖了？」

子夏面容平靜，嚴肅地說：「後來我想，這兩樣事物都可以使我得到幸福。而我現在從前者追求幸福，已有一定的基礎；從後者追求幸福，卻缺乏應有的技巧和手段。何況前者也許可以帶來後者，而後者卻無法帶來前者。前者有美名而無兇險，後者常因不擇手段而導致家破身亡。所以我已毅然丟棄後者，而一心追求前者了。這樣，我這瘦弱的身軀就不再成為思想的戰場，不再成為被蹂躪的土地，豈有不能肥沃之理？所以我就日漸胖了起來。說起來，這也是前者帶給我的第一樁幸福呢！」

曾子從子夏的話中悟到了很多東西。他向師弟深施一禮，道過別後，若有所思地走了。

【解析】

韓非子這句話是為解釋《老子》「自勝之謂強」的立論而說的。勝人者力，勝己者強，關鍵是如何克服自身的弱點。只有首先克服了自己的局限，戰勝自我，才能具備戰勝別人的條件，進而戰勝別人。這個道理並不難理解，但做起來卻不是件容易的事。

32 侈泰則貧，驕恣則暴

侈泰則家貧，驕恣則行暴。

——《韓非子．六反》

【譯文】

生活奢華無度就會導致家境窮困，驕橫放肆則行為一定粗暴。

【經典故事】

晉國大夫孟獻伯被封為上卿，這可是當時最高的貴族頭銜了。於是叔向前去祝賀。到了孟獻伯府上，只見門外長滿了荊棘，堂前到處是野草，馬棚裡的馬瘦得皮包著骨頭，而且面前也沒有飼料，車庫裡只有一輛破車。孟獻伯自己吃的穿的都很簡陋。

叔向問道：「啊呀，你這位上卿怎麼如此寒酸？按照規定，上卿至少應該有兩輛車。你怎麼沒有啊？還有你那些馬，怎麼那麼瘦啊，連吃的都沒有？」

孟獻伯一本正經地說：「我看到國中還有許多人飢腸轆轆，面有菜色，所以我就不忍心給馬餵飼料了。我看到路上還有許多白髮長者乘不上車，徒步行走，所以我也就不忍心備兩輛車子了。」

叔向聽罷，連連稱讚說：「嘖嘖！我本來是來祝賀你升為上卿的，看來現在我首先要祝賀你具有艱苦奮鬥、勤儉節約的好精神啊！」

叔向回來後，把這一情況告訴了另一位大夫苗賁皇，並且要苗賁皇也去讚頌孟獻伯的可貴精神。然而苗賁皇卻大不以為然，他說：「這有什麼值得稱讚的？提升他為上卿，給他提高俸祿，就是為了要讓他在生活待遇等方面與一般人有所不同。要不然，還要劃分那麼多等級爵位幹什麼？不就是要區分出有才能的人與無才能的人、有功德的人與無功德的人之間的差別嗎？所以晉國法律明確規定：上大夫兩輛車，配備兩隊護衛；中大夫也是兩輛車，但只配一隊護衛；下大夫只有一輛車，不配護衛。這就是為了明確等級。再說作為上卿，是要參與重大軍事活動的，所以車馬和護衛隊一定要配備齊全並保養良好。否則，一旦遇到緊急情況怎麼辦？上卿配備兩輛車，平時供他上朝用，戰時就是軍車。孟獻伯現在沽名釣譽，想為自己贏得廉潔節儉的好名聲，不惜破壞國家政治制度，使國家戰備設施不完備，這有什麼值得讚頌的？」

還有一個故事：

管仲當上了齊國的國相後的一天，他對齊桓公說：「我雖然有權了，但是沒有錢，還是很窮。」齊桓公說：「那好，本來我們市場上交易要收十分之三的稅，現在我就把這三分稅全歸你家！」過了幾天，管仲又說：「我現在雖然富了，但地位還比較卑下。」於是，齊桓公就把管仲的排名和位置提到高氏和國氏兩位貴族元老之上。又過了不久，管仲又說：「我現在地位雖然尊貴了，但與國君的關係還比較疏遠。」於是，齊桓公又封管仲為「仲父」，也就等於是稱他為乾爸爸了。

管仲出門乘的車子上撐著朱紅色的華蓋，遮著青色的帷幕，回來時有鐘鼓引路，庭院裡放置著大鼎，家裡富得不得了。

後來，孔子評論管仲時說：「他雖然是個好大夫，但生活奢侈得太過分了！已經向上威逼到君主的地位和權威了！」

孫叔敖擔任楚國的國相，他的表現正好與管仲相反。他乘的車子是用竹篾做頂棚，既不塗漆也不鋪墊子。拉車的居然是劣等的母馬。他吃粗米飯、青菜湯加鹹魚乾，冬天穿件羊皮襖，夏天穿的是葛布衣。看上去面黃飢瘦，一副營養不良的樣子。孫叔敖雖然也是個好大夫，但他的生活太節儉。一國之相的生活都是如此艱苦寒酸，那叫下面的人怎麼過日子啊？他們的標準又該降到什麼地步啊？所以孫叔敖這樣節儉，已經向下威逼到下面人的生活水準了。

【解析】

正所謂「多勞多得」，君主給予大臣們的待遇要適當，既不能讓他大富大貴不加限制，也不能讓他貧窮寒磣過於節儉。過於貧窮節儉，就不足以起到激勵作用；過於奢侈張揚，就會威逼君主的地位。無論在小說或是歷史上，都可以見到因奢華過度而終遭報應的事件發生。

現在有許多有錢人的家庭，請了一些幫傭，而許多這類家庭成長的小孩便很容易養成對他人頤指氣使的習慣，儼然一副小霸王的模樣！若不及時地糾正過來，恐怕將來會很難融入團體和社會，對小孩子是絕對的有害無益。

雖然，奢侈可能一般人還不至於如此，但是也要養成不浪費的習慣，愛惜既有的一切！如能做到這一方面，那自然也就難有驕傲、粗暴的行為了。

33 金無足赤，有過則改

舉事無患者，堯不得也。

——《韓非子．用人》

【譯文】

辦事不會出差錯，就是連堯都不可能做到。

有過則罰，不罰不足以明事理，有過不糾，對犯錯者本人也沒有益處。改過則用，不用就一棍子打死，那是對人才的一大浪費。隋高祖楊堅在對蘇威的使用上，基本上就使用了這一用人原則。

【經典故事】

蘇威是隋初著名的宰相，他在任職期間多有惠政，為世人所稱道，但是當初隋高祖楊堅發現和使用蘇威這個人，並不是件很容易的事。

蘇威很早就有才名，但是一直沒被朝廷重用。楊堅在做北周丞相時，有人曾屢次推薦蘇威，陳述蘇威的才能。楊堅把蘇威召來後，引到臥室內交談，兩個人談得很投機。後來蘇威聽說楊堅要廢周立隋，自己要稱帝，就逃回到家裡，閉門不出。一個姓高的大將軍要追他回來，楊堅說：「他現在不想參與我的事，先讓他去吧。」

楊堅即皇帝位後，蘇威又出來輔佐他，楊堅不計前嫌，授蘇威為太子少保，追贈蘇威的父親為都國公，讓蘇威承繼父爵，不久又讓蘇威兼任納言、民部上書兩職。蘇威上書推辭，楊堅下詔說：「大船承載重，駿馬奔馳遠。你兼有多人的才能，不要推辭，多做些事情吧。」由此可見楊堅對蘇威的信任。

蘇威曾主張減免賦稅，楊堅聽從了他的主張，這一政策深為百姓喜歡，因此蘇威也更受楊堅的寵信。楊堅讓蘇威與高大將軍一起參掌朝政，蘇威見宮中簾幔的鉤子都是用銀子做的，就主張換用其他材料，要節儉從事，受到楊堅的讚賞。

有一次，楊堅對一個人發怒，要殺那個人，蘇威進諫，楊堅非但不聽，反而更加生氣。過了一會兒，楊堅的怒氣消了，對他的進諫表示感謝，並說：「你能做到這樣，我確實沒看錯人。」

當時的治書侍御史梁毗因為蘇威身兼五職，並沒有舉薦其他人的意思，就上書彈劾蘇威。楊堅對他說：「蘇威雖然身兼五職，但始終孜孜不倦，志向遠大。而且職務有空缺時才能推舉別人，現在蘇威很稱職，你為什麼要彈劾他引薦別人呢？」

有一次，楊堅還對朝臣說：「蘇威遇不到我，就不能實行他的主張；我得不到蘇威，就不能行大道。楊素舌辯之才當世無雙，至於斟酌古今，審時度勢，幫助我治理國家方面，他卻比不上蘇威。」

開皇十二年（五九二年），有人告發蘇威和主持科舉考試的官員結為朋黨，任用私人。楊堅讓蜀王楊秀審察這件事，結果是確有其事。楊堅指出《宋書·謝晦傳》中涉及朋黨故事的地方，讓蘇威閱讀。蘇威很害怕，免冠謝罪。楊堅說：「你現在謝罪已經太遲了。」於是免去了蘇威的官職。

後來有一次議事的時候，楊堅又想起了蘇威，他對群臣說：「有些人總是說蘇威假裝清廉，實際上家中金玉很多，這是虛妄之言。蘇威這個人，只不過性情有點乖戾，把握不住世事的要害，過於追求名利，別人服從自己就很高興，違逆自己就很生氣，這是他最大的毛病。別的倒沒什麼。」

群臣們也都同意這種說法，於是楊堅又重新起用了他。蘇威果然不負眾望，對隋朝忠心耿耿，竭盡職守，一直到死。

【解析】

人，從一出生就開始接觸這世上的一切，而接觸的過程就是學習，所以只要不停止接觸，就是不斷的學習。而學習的項目中，有一樣事情是一定會被包含進去的，那就是「錯誤」！

「金無足赤，人無完人」，這是一句至理名言。凡為人，都有自己的短處，也都會犯錯誤。即使一些名人才子也都如此。犯了錯誤怎麼辦？有過則罰，改過則用。這也是用人的一大原則。

如何改過自新呢？那就要學習錯誤。許多人會覺得莫名其妙，不是應該要避免錯誤嗎？為何又說要學習錯誤？這裡當然不是真的去學習做每一件事時都犯錯，而是要學習面對錯誤。如果，所有的師長只會教人如何避免犯錯，那未免是太一廂情願的想法！從古至今，誰能不犯錯？孔子、蘇格拉底不犯錯嗎？他們當然會犯錯！甚至我們可以認定：只要是人就一定會犯錯！既然如此，那又何必只教人避免犯錯，因為既然人都一定會犯錯了，那如何避得掉？不如好好地面對錯誤，再從錯誤中學習到正確的方式，反而是最實際的辦法。

錯誤並非可恥的事，因為從來就沒有完美的人，只要別一犯再犯就好了。只要能勇於面對錯誤，從中吸取經驗教訓，對自己而言，那才是最寶貴的。

34 智者知禍，避患保身

夫智者，知禍難之地而辟之者也，是以身不及於患也。

——《韓非子．難二》

【譯文】

有智慧的人，知道在災禍危難來臨前避開它們，所以不會遭受禍患。

【經典故事】

秦王十年（前二三七年），秦王嬴政發佈命令：所有在秦國做事的其他諸侯國人，必須在規定的時間內離開秦國。秦王嬴政為什麼要發佈這個命令呢？原來，韓國為了減輕秦國的軍事壓力，就派了一個叫鄭國的水利工程師到秦國，名義上是來幫助秦國興修水利，實際是要藉此耗費秦國的人力物力，拖垮秦國。這個秘密後來被秦國發覺，秦國的宗室大臣就對秦王嬴政說，凡是來秦國的外國人，都沒安好心，他們不是說客，就是間諜，並不是真心為秦國效力。秦王嬴政聽了後，就決定驅逐其他國人，因此下了這道命令。

丞相李斯本是楚國人，因此也在驅逐之列。秦國一天天強大，眼看就要統一天下；現?b因為出了鄭國這麼一個間諜，就把所有的諸侯國人全部趕走，這樣做太沒有道理，而且對秦國也會造成巨大的損失。於是李斯就給秦王上書，列舉了歷史上諸侯國客卿對秦國的貢獻，揭示了驅逐諸侯國客卿造成的嚴重後果，勸秦王嬴政要有海納百川的胸襟，繼續利用客卿的力量，實現統一天下的大業。

秦王嬴政看了李斯的上書，很受震動，就撤回了逐客令，恢復了李斯等人的官職。秦國國勢日益強盛，最終吞併六國，統一了天下。

李斯講的確實很有道理。在各諸侯國中，秦國偏處西隅。起初的時候，在政治、經濟、文化各方面都比較落後，各諸侯國瞧不起它，很少跟它來往，還不時派兵侵奪它的土地。秦國以一個偏僻小國最終統一天下，很大程度上得力於秦穆公、秦孝公、秦始皇這些君主胸懷寬闊，能夠廣納天下英才。

秦穆公是「春秋五霸」之一。他能夠以弱小的秦國成就霸業，主要靠了百里奚、蹇叔、孟明視等能人的輔佐。

百里奚本來是虞國人，很有才能，但因為家裡窮，沒有人引薦，很長時間一直窮困潦倒。後來經過宮之奇的推薦，勉強做了虞國的大夫。但過了不久，虞國就被晉國消滅了，百里奚成了俘虜，被押到晉國。正好晉獻公要把女兒嫁給秦穆公，需要一些奴僕陪嫁，百里奚就成了陪嫁品，被送往秦國。百里奚十分氣憤，走到半路，乘人不注意偷偷跑了。哪裡想到他跑到楚國，楚國人把他當奸細抓了起來，最後把他押送到南海去放馬。

秦穆公辦完婚事，見陪嫁奴僕的名單上有個百里奚，卻沒見到這個人，一查問，才知道是半路上跑了。秦穆公一心想稱霸中原，正在四處搜羅人才，他早就聽說百里奚這個人很有本事，就馬上派人去尋找百里奚。派出的人回來報告說，百里奚在南海給楚國放馬。秦穆公本來想派使者帶著厚禮去見楚王，贖回百里奚。後來一想，禮物太貴重了會引起楚王的猜疑，就按照當時市場上買賣奴隸的價格，用五張羊皮去贖回了百里奚。

秦穆公見到百里奚，就向他請教富國強兵的道理。百里奚講得頭頭是道，句句說到了秦穆公的心坎上。百里奚又向秦穆公推薦他的好朋友蹇叔，說蹇叔的才能遠遠超過自己。秦穆公馬上派人帶著厚禮，去宋國把蹇叔請到了秦國。然後，秦穆公就任命百里奚為左相，蹇叔為右相，主持政務。後來秦穆公發現蹇叔的兒子西乞術、白乙丙和百里奚的兒子孟明視武藝高強，就任命他們為大夫，管理軍事。有了這些人的輔佐，秦國一天天強大起來，先後取得了一連串軍事勝利，秦穆公也從而成為天下的霸主。

百里奚、蹇叔、孟明視、白乙丙都不是秦國人，但秦穆公重用他們，終於成就了霸業。後來的秦孝公又大膽任用衛國人商鞅，使秦國成為「戰國七雄」中最強大的國家。

【解析】

有智慧的人，就會減少讓自己受到禍害的機會。就好比是颱風天來時，他絕對不會往山裡頭鑽，也不會往海邊跑，因為那些地方都很危險，何必要讓自己暴露在佈滿危險的空間裡？要登山、要遊海，找個風和日麗的時間也行啊。

在政治方面也是一樣。當年越王勾踐猶在臥薪嚐膽時，文種與范蠡是助勾踐復國的兩大功臣。等到吳國被滅時，范蠡就離開越國經商去了，臨走前他對文種說了「狡兔死、走狗烹」的話，意思是：留在這裡很危險，跟我一起走吧。然而文種不相信，結果當真被勾踐處死了。而漢初的韓信不也是步上文種的後塵？由此看來，范蠡是有智慧的人，他知道危險即將來臨，就選擇到安全的地方避禍。而無知的人，是不會有這種見識的。

35 飾其所矜，滅其所恥

凡說之務，在知飾所說之所矜，而滅其所恥。

——《韓非子．說難》

【譯文】

說服人的要務，在於懂得替對方所驕傲的事情裝飾得更華美，而完全不提令對方羞愧的事件。

【經典故事】

有一位瞎了右眼的國王，他請三位畫家替他畫肖像。

第一位畫家很忠實的描繪出國王的五官，國王很不滿意地將他處死。第二位畫家見狀，趕緊替國王畫了一幅雙目正常的畫像，國王更火了，又將畫家處死。只見第三位畫家不急不徐的，將國王左半側的臉給呈現出來，不但寫實而且又表現出國王英勇的氣質。當然，這個畫家獲得了許多的賞賜，也成為宮廷御用畫師。

【解析】

這個故事就是告訴人們，不要去過分揭露他人的瘡疤，縱使這個瘡疤是一個「公開的秘密」，如同那位少了一目的國王，他還是不喜歡這個弱點被清楚地暴露出來。而如第二位諂媚的畫家，他的舉動卻又太過了。試問：他所畫之雙眼正常的肖像會是國王本人嗎？當然不是！他公然欺騙國王啊，自然是會激怒國王。第三個畫家之所以會贏得賞識，就因為他做到韓非所言的：將國王英勇的一面完全表現出來，而又使國王的弱點隱諱起來。雖然如此，但他卻是在真實的視角上忠實描繪成的，所以他成功地說服了國王。

36 慎言慎行，人知人隨

慎而言也，人且知女；慎而行也，人且隨也。

——《韓非子．外儲說右上》

【譯文】

言語謹慎，別人就會瞭解；行動謹慎，別人就會跟隨。

【經典故事】

春秋末期有一年的五月，擔任魯國執政大夫的季康子發動民眾興修水利，挖一條溝。當時孔子的弟子子路是郈邑的邑令，他見民工們工作很辛苦，想做點好事，就拿出自己的俸祿糧食做了飯菜，擺在大街上，邀請那些挖溝的民工來吃。

孔子聽到這個消息，馬上派子貢趕到子路那裡，把那些飯菜倒掉，把那些鍋碗瓢盆也砸了個粉碎。並且教訓子路：「民工都是國君的臣民，要你子路供什麼飯？」

子路勃然大怒，捲起袖子怒氣衝衝到孔子那裡去論理。他質問孔子：「老師，你是不是嫉妒我的仁義行動啊？仁義難道不是我從你老師那裡學來的嗎？什麼叫仁義啊？不就是能與天下的人分享自己的所有，共用自己的利益嗎？如今我拿出我自己的錢糧招待民工，有什麼不可以？」

孔子呵斥道：「你這個愚蠢之人！我以為你都懂了，其實你還很不懂！你對禮的基本原理還是如此一竅不通！你招待民工，算是愛護他們。可是他們輪得到你去愛嗎？按照禮，天子愛普天下的人，諸侯愛一國的人，大夫愛自己的官職，士人愛自己的家。超過了範圍去亂愛，那就是侵權越位。如今這些民工屬於魯國國君，你擅自去愛他們，你就是侵權了、越位了。你難道還不夠荒唐嗎？」

正當師徒二人還在爭執的時候，季康子已經派人找上門來指責孔子：「季氏調集民工修水利，你孔仲尼先生卻叫弟子攞下飯菜招待他們，你居心何在？是不是想跟我季氏爭奪民心啊？」

孔子後來只好駕著車子離開了魯國。

【解析】

如果你的言行謹慎，自然會有許多欣賞你的人，會以你為榜樣而效法。如果今天一位言行舉止謹慎的人，與一位胡作非為舉止輕浮的人，一同出現在螢光幕前讓大家票選喜愛的程度。結果還是前者會獲得勝利！因為你身邊的人若是個言行不良者，你會放心與他為伍嗎？當然不會！

但是諸位也別誤會了，以為言行謹慎就代表著死板呆滯，如同老學究一般乏味！言行謹慎只是針對言語和行為的本質而言，並不是外在的表現！試想：一個言行死板呆滯的人，還會有人想效法他、親近他嗎？

37 因事之理，不勞而成

因事之理，則不勞而成。

——《韓非子・外儲說右下》

【譯文】

遵循事物的法則辦事，不費勞苦就能成功。

【經典故事】

延陵卓子乘坐的車子雍容華貴。拉車的是兩匹馬，一匹名叫「蒼龍」，一匹名叫「翟文」，都是非常名貴的寶馬。這兩匹寶馬的裝扮也十分精緻，馬身上繪著雲龍圖案和鳳凰一樣美麗的毛色。人們見了這樣的馬車，無不駐足觀賞，嘖嘖稱羨。

然而僅僅如此，延陵卓子還不十分滿意，他又請工匠製作了兩副金籠頭，套在馬頭上。「嗯，這樣看起來，馬的樣子就威嚴多了。」延陵卓子不禁為自己的這種發明創造得意洋洋。

但是，延陵卓子本人根本不會駕馬車。這一天，延陵卓子有事要出遠門，可是他的車夫回家探親去了，不在身邊。家人勸他另雇一名車夫，可延陵卓子滿不在乎地說：「不用！我平時騎著駿馬縱橫馳騁，如走平地一般，駕馭馬車豈不是更簡單。」於是，他給兩匹寶馬套上籠頭，馬的身後綁上銳利的馬刺，揚起馬鞭，隻身駕著馬車出了家門。

一開始，走在寬闊的大路上，馬車行進十分平穩。路上的行人看到裝扮如此華貴的馬車，無不投來羨慕的眼光。駕車的延陵卓子挺直了腰板，高昂著頭，真是神氣無比，風光無限。

馬車繼續前行，進入了一片鬧市區。這時，前面突然有一駕牛車橫在了路中央，擋住了去路。延陵卓子慌了手腳，不知如何是好。他想讓馬停下來，卻揮舞著馬鞭直往馬屁股上抽。前面已是無路，馬進不能進，退不能退，只好橫著往路邊躲，把路邊商販的攤鋪撞得七零八落，一地狼藉。延陵卓子愈急愈亂，手中的馬鞭不停地揮舞，可就是無法讓馬停下來。

路人看見他手忙腳亂的狼狽樣，都不由得哈哈大笑起來。

這時，造父恰巧從旁經過。他是當時有名的伯樂，熟知馬的習性，駕車技術也十分高超。他見延陵卓子的馬車失控，再不及時制止，隨時都有馬驚的危險。於是，他縱身上前，站在兩匹馬的中間，雙手抓住馬的轡繩，順勢將馬往大路中間一領，說來奇怪，兩匹寶馬頓時就安靜了下來。

馬車停了下來。延陵卓子從車上躍下，此時的他已是滿頭大汗，狼狽不堪，在圍觀者的哄笑聲中，羞愧得滿臉通紅，恨不能找個地縫鑽進去。他下車後，也不向造父道謝，抽出身上的佩刀就向馬腿砍去。剎那間，在淒厲的嘶叫聲中，兩匹寶馬倒在了血泊之中。

延陵卓子斬斷了馬腳，鑽出圍觀的人群，頭也不回地走了。

造父目睹了這種情形，禁不住流下了眼淚。他一整天都不吃東西，不停地唉聲嘆氣。有人不解地問：「延陵卓子砍了他自己的馬，您雖然愛惜馬，也犯不著為此如此傷心吧。」

造父仰天嘆息說：「我傷心不單單是為這兩匹無辜的馬啊。馬鞭是用來朝前趕馬的，前面卻套上了籠頭；韁繩是用來朝後拉馬的，後面卻綁著銳利的馬刺。現在的君主在用人的時候，根據某人的清高廉潔而起用他，卻又因為他不合左右近臣的脾味而罷免他；根據某人的公正而讚譽他，卻又因為他不對自己唯唯諾諾而廢除他。百姓因為害怕，立在中間，不知該怎麼辦，這就是我為之哭泣的原因啊。」

【解析】

一切事物都有其自身的規律，如果我們認真體察，摸清了規律，並遵循其發展規律，就會事半功倍。如果一味盲目蠻幹，則會適得其反。因此，對事物規律性的認識和研究就顯得十分重要了。

韓非子的故事講得深刻尖銳，觀點鮮明地指出領導者施政用人時的錯誤，很值得我們現代人思考和引以為戒。

38 依靠別人，莫若靠己

挾夫相為則責望，自為則事行。

——《韓非子．外儲說左上》

【譯文】

倚仗著相互依賴的心態，就會互相埋怨，如果都能依靠自己的話，事情就會辦好。

【經典故事】

戰國時候，秦國派兵攻打韓國的宜陽，韓國形勢危急。

韓國的國相公仲朋和韓國國君商量說：「我們的盟國看來都不可靠了。我看不如透過張儀跟秦國講和，答應割讓一個大城給秦國，並許諾跟秦國一起向南去討伐楚國。這樣，我們就可以解除來自秦國的威脅，把戰火引到楚國去了。」

韓君覺得這個主意挺好，就派公仲朋到秦國去講和。

楚王得到這一消息，十分害怕，就與謀臣陳軫商量對策。

楚王說：「韓國派公仲朋去秦國講和了，我們怎麼辦？」

陳軫說：「是啊，秦國可以得到韓國一個大都邑，然後與韓國聯合，選出精兵強將來攻打楚國。這正是秦國夢寐以求的事，對於楚國是大大的不利啊！絕不能讓這種局面出現。我看大王要趕緊派可靠的人，多帶一些財物去討好韓國，對韓君說，我們楚國已經舉國上下全面動員，全力支持韓國抵抗秦國。請韓國派使者向秦國表明絕不屈服、誓死抵抗的決心。韓君如果不信，就請派人到楚國來視察我們的隊伍。」

於是，楚王就派使者去韓國。韓君在內心裡也不願屈從秦國，就被說動了，派人到楚國來視察。看見楚王果然調集了大隊人馬，排列在大路上整裝待發。楚王對韓國的使者說：「請回去報告韓君，敝國的大軍很快就會開進貴國，與你們並肩作戰，聯合抗秦。」

使者回去報告韓君，韓君大喜，趕緊傳急令叫公仲朋停止在秦國的和談。

公仲朋說：「不行啊！我們實實在在的危害是來自秦國，楚國只是用虛的口頭承諾答應幫助我們。如果我們相信了楚國的虛言而忽視了眼前來自秦國的實害，那是很危險的！」可是韓君不聽。公仲朋只好憤怒地從秦國趕回來，回來後氣得一連十天都不肯上朝。

秦國於是加緊了對宜陽的進攻，宜陽愈來愈吃緊。韓君趕緊派人到楚國去催促楚王出兵。可是派去的人去了一回又一回，還是不見楚國有一兵一卒過來。最後，宜陽終於被秦國軍隊攻克了。韓君這次的失策也給人們留下了笑柄。

由此可知，不充分估計自己的力量，寄希望於其他諸侯國的支援，那是靠不住的，最終只會導致自己國家力量的削弱。

【解析】

生活上，許多人會養成依賴的習慣，小孩子依賴父母、妻子依賴丈夫等等。久而久之，依賴已成定性時，就會扼殺了自我的生存本能。我們將視野再放大，人類不都依賴在這社會之中嗎？許多人若沒了水、電，或是交通工具，就渾身不自在！因為無法洗澡，無法看電視，無法用電腦，甚至沒了車就不會行動，這其實就已經在喪失自我本能了。

別去終止人的天生本能，因為在必要時就會用到。所以，若是有著太過依賴的習慣時，就要學著適當的靠自己，靠自己就不會再去怨別人，也會更肯定自己。

39 下言上用，迷而惑之

下言而上用者，惑也。

——《韓非子．說林下》

【譯文】

把適用於一時一事的話，當作一種可普遍適用的意見時，就是迷惑。

【經典故事】

楚國出兵攻打吳國，吳國派了沮衛、蹶融二人迎上前去向楚軍表示慰勞。楚國大將下令說：「把這兩個傢伙殺了，用他們的血祭奠我軍的戰鼓。」接著他又以嘲弄的口吻問沮衛、蹶融：「你們來之前有沒有占一卦，算算你們的命啊？」沮衛、蹶融說：「占卜了！」

楚將說：「占卜結果是吉利還是不吉利啊？」二人說：「吉利啊，大吉大利啊。」

楚將大笑道：「馬上就要殺了你們，用你們的血來祭奠戰鼓了，這還吉利嗎？」

沮衛、蹶融說：「對啊，這就是吉利啊。我國派我們來，就是要試探一下你們的態度。你發怒殺了我們，吳國就會加強防守，做好迎擊你們的準備；你如果不發怒、不殺我們，吳國反而會放鬆警惕。現在你殺了我們，吳軍一定戒備森嚴，你們就沒有希望獲勝了。再說，占卦是為國家，而不是為我們個人。今天你殺了我們，卻換來了吳國的安全，這難道不是大吉嗎？而且，假如人死了就什麼都不知道的話，你拿我們的血祭奠戰鼓也就毫無意義；若是人死後還有知，那我們就會顯靈，讓你們交戰的時候擂鼓不響，叫你們吃敗仗。」

楚國大將聽了這些話，就不殺他們了。

【解析】

東周時的宋襄公，是一個很守禮的國君。有一次與鄰國發生戰爭，兩軍相遇於一條河的兩岸，親自督戰的宋襄公見到敵軍開始渡河。這時身邊的謀士見狀，便向宋襄公建議要趁機進攻敵方，以免時機錯失。只聽宋襄公回答：「不行！這是失禮的行為啊！等到他們過河，雙方排好陣勢後，再行進攻，這才是君子之道。」結果宋襄公的軍隊大敗。

宋襄公的思考是不會轉彎的，他始終相信：只要守著君子之禮，無論面對任何事件，都一定行得通的。然而戰爭本身就是一種野蠻的鬥爭行為，何來「君子之禮」？一味地相信一種模式可以套用在任何事件上，這肯定很容易招來失敗的後果。

雖然有一些思想或言語，讓我們覺得它很珍貴，甚至是公認的「偉大思想」或「至理名言」，但也未必就放諸四海而皆準，任何時候都能奏效，還是得視當時的情況而定。

40 與禍為鄰，禍患將至

削跡無遺根，無與禍鄰，禍乃不存。

——《韓非子．初見秦》

【譯文】

砍伐樹木就不要留下根，不要與禍害相為鄰，禍害就不存在。

【經典故事】

齊國的靖國君打算在自己的封地——薛邑，修築城牆，把自己的封地保護起來，使自己的封邑成為國中之國。

他的門客大多認為他這樣做不妥，紛紛前來勸諫。

靖國君很惱火，就對門口管傳達的人說：「不要放他們進來，我不想聽！」這時，有一位客人來求見，他對傳達的人說：「我只說三個字，一個都不多說；多說一個字，就把我放到鍋裡煮了！」

靖國君感到好奇，他會說三個什麼字呢？於是就讓他進來了。

客人走到靖國君面前，說了三個字：「海，大，魚！」說完，掉頭就走。

靖國君聽了更加莫名其妙，急忙叫住客人道：「慢著，我想聽聽你究竟是什麼意思？」

客人連連搖頭說：「不行不行，我可不敢拿我的小命開玩笑。」

靖國君說：「你但說無妨，我不會煮你！」

客人這才回過身來，說道：「您沒有聽說過海裡的大魚嗎？那大魚在海裡自由自在，釣鉤逮不住它，魚網也網不動它。可是一旦它闖到海灘上離開了水，那麼連螻蛄和螞蟻都會來欺負牠。如今，齊國就是您的大海。您如果能長久保持您在齊國的地位，還在乎這小小的薛邑嗎？如果您失去了在齊國的地位，您就是把薛邑的城牆修築得跟天一樣高，那又有什麼用處呢？」

靖國君聽後覺得很有道理，就放棄了在薛邑修築城牆的打算。

【解析】

我們常聽人說：「對敵人仁慈，就是在傷害自己。」很多事情提示我們，有時「婦人之仁」是行不通的，尤其在競爭的舞臺上，當這件事對你真的有害時，不管是現在或是將來，都必須趁早杜絕。

但這樣的杜絕行為，必須建立在一定程度的道德良知上，否則人人只為了自利，而做了傷天害理之事，豈不成了禽獸一類。

41 眾口一詞，令人易信

言之為物也以多信。

——《韓非子・八經》

【譯文】

言論，很多人都說同樣的事時，就很容易令人相信。

【經典故事】

魯國有一隻著名的寶鼎，名叫「讒鼎」。齊國想得到這只鼎，就派兵來攻打魯國。魯國捨不得寶鼎，又害怕齊國攻打，就仿造了一隻贗品給齊國送去。

可是，齊國人看出這只鼎不像是真的，提出質疑。魯國人卻一口咬定說是真的。

於是齊國人說：「你們魯國的樂正子春先生是個名聞天下誠實忠信的人，你們把他請來。他如果能親口對我們說這鼎是真的，我們就相信你們。」

魯國人回去向國君做了彙報。魯國國君就親自到樂正子春家，請他到齊國去說一次謊話。

樂正子春問魯君：「您為什麼不把真鼎送給齊國呢？」

魯君說：「我捨不得我的真鼎啊！」

樂正子春回答道：「那我也捨不得我的信譽啊！」

【解析】

多數的人一定會有這樣的經驗：曾經被謠言所迷惑過。在孩提時代，只要學校或住家附近有廢棄的房舍，那孩子之間一定會傳出那間房舍有鬼的說法！至於如何有的？每個人都會繪聲繪影地說了一大堆，傳來傳去，所有的孩子都知道：那間房舍有著什麼樣恐怖的故事了。在還是孩子的時期裡，最可怕但也最刺激、最愛聽的，莫過於鬼的謠傳。

成人世界裡的謠言，可就沒這麼單純了！戰國時魏國的大臣龐恭，曾向魏王提出警告，就是著名的「三人成虎」的故事。當時，魏王很信任龐恭，引起其他大臣的妒忌。一次，龐恭要到趙國，他請求魏王不要聽信讒言，魏王答應了。但是他卻從此無法回國，魏王已經聽信讒言而不信任他了。另外一個故事，就是「曾參殺人」的故事，連他的母親都相信以仁孝聞名的曾參殺了人，而顯得慌慌張張。可見讒言或謠言，只要有多人相傳，那就很容易讓人相信。

42 遠水雖多，不救近火

失火而取水於海，海水雖多，火必不滅矣，遠水不救近火也。

——《韓非子・說林上》

【譯文】

失火時到海裡取水，海水雖然很多，但未必能及時將火撲滅，這就是遠水救不了近火的緣故。

【經典故事】

魯穆公為了魯國的安全，想與一些強大的國家搞好關係，就把自己的幾個兒子分別送到晉國和楚國去做官。但在當時的強國中，距離魯國最近的齊國，魯穆公卻沒有派一個兒子去。

有個名叫犁組的人就提醒魯穆公說：「如果這裡有個小孩掉到河裡，我們請越國人來救他；越國人雖然很善於游泳，但等他老遠趕來，這小孩肯定是沒命了。如果這裡失火，我們到海裡引水來撲滅，海裡水雖然很多，但肯定救不了這裡的火。遠水不救近火啊！」

「如今，晉國與楚國，雖然力量強大，但是離我們最近的還是齊國啊！我怕一旦魯國有難，晉、楚想救卻救不上我們啊！」

【解析】

我們常會說：「遠水救不了近火。」最主要的就是在於「時效性」的問題。每個人都知道時間的重要性，但也常常會忽略了時間正不斷流逝的事實。

在職場上，時間就更為重要了。許多企劃、產品的推出，講究的就是要拔得頭籌，如果沒有領先，那起碼也絕不能落後！假設今日你和別人擁有相同的條件與資源，一旦別人先起步了，你還在花時間思考、整合，那也只能看著別人得到喜悅的成果。所以，學會掌握資源外，還要學著瞭解時間的運用，這是現代人不能缺少的常識啊。

43 偽不會長，虛不能久

矜偽不長，蓋虛不久。

——《韓非子・難一》

【譯文】

專心作偽不能長遠，掩飾虛假不能長久。

【經典故事】

齊國的國相管仲得了重病，齊桓公去看望他。桓公問：「仲父有病在身，萬一不幸去世，對寡人還有什麼忠告？」管仲在病榻上說：「您就是不問，我也該去見您的。我的忠告很簡單，就是希望您趕走豎刁，殺掉易牙，遠離衛公子開方。易牙為您烹調，您什麼美味都嘗過了，就差人肉還沒吃過。易牙就把自己兒子的頭蒸熟了給您吃。人之常情是沒有不愛自己的兒子的，他連自己的兒子都不愛，怎麼會真心愛您呢？豎刁知道您好色又嫉妒，於是就自己把自己閹割了來給您做內宮總管。人之常情哪有不愛自己身體的？豎刁連自己的身體都不愛，怎麼會真心愛您呢？衛公子開方侍候您十五年，齊國與衛國之間不過也就幾天路程，他這十五年卻一次都沒有回去看過他母親。他連母親都不愛，怎麼會真心愛您呢？常言道，假的就是假的，偽裝遲早要剝去。偽善掩蓋之下的奸詐遲早要暴露。所以希望君主遠離這三個人。」

不久，管仲病死了，桓公並沒有聽取他的意見。後來，桓公終於被此三人所害，落得個死後屍體都腐爛出蟲了，也沒人為他收屍的可悲下場。

有人評論這件事說：管仲臨死前對桓公的忠告，其實是不懂法治的人說的話。之所以要除掉豎刁、易牙，理由是他們為了滿足君主的需求，連自己的兒子和自己的身子都不愛護。管仲認為，不愛護自身，怎麼會愛護國君呢？但是照這麼說，那些捨身忘己效忠君主為國獻身的人，豈不是都不能重用了？這不是叫君主排斥忠臣嗎？再說，根據其不愛自身，推論出不愛國君，這種推論是否符合邏輯呢？照這種邏輯，我們是不是可以從管仲沒有為其前主公子糾而死，推論出管仲也是應該除掉的呢？

英明君主的辦法卻不是這樣。民眾想要得到的東西，就用來使民眾為國家立功，所以用爵位俸祿來激勵他們。民眾所害怕的東西，就用來禁止民眾做壞事，所以設立刑罰來嚇唬他們。該獎勵的獎勵了，該懲罰的懲罰了，臣子自然會努力為君主立功，小人也就不敢對君主耍奸。即使有豎刁那樣的小人，又能把君主怎麼樣？

再說，為臣的就是用出賣自己來跟君主做交易的，君主就是用出賣爵位俸祿來跟臣子做交易的。君臣之間不是什麼父子親愛關係，而是一種互相利害的關係。君主用爵位俸祿收買臣子為自己賣力，買主與賣主都要算一算付出與回報。君主有辦法，為臣的就會盡力工作不耍奸；君主沒有辦法，為臣的就會蒙蔽君主耍手腕。管仲不把這個道理說給齊桓公聽，即使除掉一個豎刁，其他的豎刁還是會產生，所以，這不是杜絕奸邪的好辦法。

【解析】

在許多人看來，齊桓公之所以死後屍體出蟲都沒人把他下葬，是因為他沒有聽管仲的話，為了口腹女色等慾望而放過了三個奸佞之臣；但韓非子看得更深遠，他認為這最主要的原因是臣下權太重。臣下權太重，實質上就把君主控制了。君主被控制，則君令無法下達，下情也不能上聞。不管好消息還是壞消息，訊息都不通，所以才會有君主死了無人收屍的慘劇。

有什麼解決之法嗎？當然有。韓非子認為：英明君主的作法則是：一個人不得身兼二職，一個職務不兼管其他事情；地位低的人，可以不論身分發表意見；大臣見君主，不必透過左右小人引見。各類官員理順關係，上下左右與中央保持一致；得到獎賞的人，君主知道他有什麼功；受到處罰的人，君主明白他犯了什麼罪；事前所作所為看得清清楚楚，事後該賞該罰一點也不含糊。若是這樣，怎麼會落得死了無人收屍的下場？

44 能否取勝，以計定奪

計者，所以定事也，不可不察也。

——《韓非子．存韓》

【譯文】

計謀，是決定事情成功與否的手段，不能不明察。

【經典故事】

齊國有一位大將軍名叫田忌，很喜歡賽馬。有一回，他和齊威王約定，要進行一場比賽。賽前他們商定，把各自的馬按優劣分成上、中、下三個等級，分別進行不同級別的比賽。全部比賽實行三局兩勝制，誰先獲勝兩場，誰就是最後的贏家。

第一局比賽，田忌用自己的上等馬對陣齊威王的上等馬，開始階段還旗鼓相當，但比賽進行到衝刺階段，眼看著齊威王的馬愈跑愈快，以微弱的優勢衝過了終點。

緊接著進行的是中等馬對中等馬、下等馬對下等馬的比賽。由於齊威王每個等級的馬都比田忌的強得多，所以比賽了幾次，田忌都失敗了。

田忌覺得很掃興，比賽還沒有結束，就垂頭喪氣地想離開賽馬場。這時，孫臏招呼田忌過來，拍著他的肩膀說：「我剛才看了比賽，其實威王的馬比你的馬快不了多少呀。」

孫臏還沒有說完，田忌瞪了他一眼：「想不到你也來挖苦我！」

孫臏說：「我不是挖苦你，我是說你再同他賽一次，我有辦法準能讓你贏了他。」

田忌疑惑地看著孫臏：「你是說另換幾匹馬來？」

孫臏搖搖頭說：「一匹馬也不需要更換。」

田忌毫無信心地說：「那還不是照樣得輸！」

孫臏胸有成竹地說：「你就按照我的安排辦吧。」

齊威王三戰皆勝，正在得意洋洋地向大臣們誇耀自己的馬匹，他見田忌陪著孫臏迎面而來，便站起來譏諷地說：「怎麼，莫非你還不服氣？」

田忌說：「當然不服氣，咱們再賽一次！」

齊威王輕蔑地說：「好啊，那就開始吧！」

一聲鑼響，比賽開始了。

孫臏先以下等馬對齊威王的上等馬，第一局輸了。齊威王站起來說：「想不到赫赫有名的孫臏先生，竟然想出這樣拙劣的對策。」

孫臏不去理他，接著準備進行第二場比賽。孫臏用上等馬對齊威王的中等馬，結果勝了一局。齊威王有點心慌意亂了。

第三局比賽，孫臏拿中等馬對齊威王的下等馬，又勝了一局。這下，齊威王目瞪口呆，一句話也說不出。

比賽的結果是三局兩勝，當然是田忌贏了齊威王。

還是同樣的馬匹，由於調換了一下比賽的出場順序，就得到轉敗為勝的結果。這就是計謀的作用。

【解析】

《孫子兵法》中說：「兵者，國之大事，死生之地，存亡之道，不可不察也。」自古以來，計謀就被廣泛運用於政治、外交、軍事等領域，在事情成敗中起著相當重要的作用，是不能不深察的。

凡事都需善用心計，多算者勝，少算者敗。計謀實際上是處理事物矛盾的一種技巧和智慧，一方面需遵循事物的發展規律，一方面要綜合考慮多種因素，權衡利害而行。

45 虛則知實，靜則知動

虛則知實之情，靜則知動者正。

——《韓非子．主道》

【譯文】

保持虛的狀態，就能瞭解事情的真相；保持靜的狀態，就能明白正確的行為。

【經典故事】

在歷史上，有一個著名的韜光養晦的故事，這就是春秋時期的楚莊王「三年不鳴，一鳴驚人」的故事。

在楚莊王即位之前，楚國的內政可謂經歷了長期的混亂。楚莊王的祖父楚成王意圖爭霸中原，被晉國在城濮之戰中打敗，不久卻又禍起蕭牆。起初，原定商臣為太子，但不知怎的，楚成王居然發現商臣眼如黃蜂，聲如豺狼，生性殘忍，想改立公子職為太子。西元前六二六年，商臣率領宮廷衛隊衝進成王的宮殿，逼迫成王上吊自殺，自己即位為楚穆王。穆王在位十二年，死後由其子侶即位，是為楚莊王。

楚莊王即位時很年輕，即位之始，他並未像其他新君上任那樣雷厲風行地做一些事情，而是不問國政，只顧縱情享樂。他有時帶著衛士、姬妾去雲夢等大澤遊獵，有時在宮中飲酒觀舞，渾渾噩噩、無日無夜地沉浸在聲色犬馬之中。每逢大臣們進宮稟報國事，他總是不耐煩地回絕，任憑大夫們自己辦理。他根本不像個國君，朝野上下也都拿他當昏君看待。看到這種情況，朝中一些正直的大臣都感到十分著急，許多人都進宮去勸諫，但楚莊王不僅不聽勸告，反覺得妨礙了他的興趣。後來乾脆發了一道命令：誰再來進諫，殺無赦。

三年過去了，朝中的政事亂成一團，但楚莊王仍無悔改之意。在這期間，他的兩位老師斗克和公子燮攫取了很大的權力，斗克因為在秦、楚結盟中有功，楚莊王沒給他足夠的報償，就心懷怨憤；公子燮要當令尹未能實現，也心懷不滿，二人因此串通作亂。他倆派子孔、潘崇去征討外族，又把子孔、潘崇的家財分掉，並派人刺殺子孔、潘崇。刺殺未成功，潘崇和子孔就回師討伐，斗克和公子燮竟挾持莊王逃跑，在到廬地時，當地守將戰黎殺掉了他們，莊王才得以回郢都親政。就是經歷了這樣的混亂，楚莊王仍不見有什麼起色。

大夫伍參憂心如焚，再也忍不下去，冒死去晉見楚莊王。來到宮殿一看，只見紙醉金迷，鐘鼓齊鳴，莊王左手抱著鄭國的姬妾，右手摟著越國的美女，案前陳列美酒，面前是輕歌曼舞。莊王看到伍參進來，當頭問道：「你難道不知道我的命令嗎？是不是來找死呢？」

伍參抑制住慌張，連忙賠笑說：「我哪敢來進諫，只是有一個謎語，猜了許久也猜不出，知道大王天生智慧，想請大王猜一猜，也好給大王助興。」

楚莊王這才露出笑臉，說道：「那你就說說看。」

伍參說：「高高的山上，有隻奇怪的鳥，身披鮮豔的五彩，美麗而又榮耀，只是一停三年，三年不飛也不叫，人人猜不透，實在不知是隻什麼鳥！」

當時的人都把各種各樣的謎語稱作「隱語」，這些「隱語」往往有一定的寓意，不像今天的謎語這樣單純，因此，人們多用這些「隱語」來諷諫或勸諫。楚莊王聽完了這段話，思考了一會兒說：「三年不飛，一飛沖天；三年不鳴，一鳴驚人。此非凡鳥，凡人莫知。」

伍參聽後，知道莊王心中有數，非常高興，就又趁機進言道：「還是大王的見識高，一猜就中，只是此鳥不飛不鳴，恐怕獵人會射暗箭哪！」楚莊王聽後身子一震，隨即就叫他下去了。

伍參回去後就跟大夫蘇從商量，認為莊王不久即可覺悟，沒想到幾個月過去後，楚莊王仍一如既往，不僅沒有改過，還越發不成體統了。蘇從見狀不能忍耐，就闖進宮去對莊王說：「大王身為楚國國君，即位三年，不問朝政，如此下去，恐怕會像桀紂一樣招致亡國滅身之禍啊。」

莊王一聽，立刻豎起濃眉，露出一副暴君的形象，抽出長劍指著蘇從的心窩說：「你難道沒聽到我的命令，竟敢辱罵我，是不是想死？」

蘇從沉著從容地說：「我死了還能落個忠臣的美名，大王卻落個暴君之名。如果我的死能使大王振作起來，能使楚國強盛，我甘願就死。」說完，面不改色，請求莊王處死他。

楚莊王等待多年，竟無一個冒死進諫之臣，他的心都快涼了。這時，他凝視了蘇從幾分鐘，突然扔下長劍，抱住蘇從激動地說：「好哇，蘇大夫，你正是我多年尋找的社稷棟樑之臣！」莊王說完，立刻斥退那些驚恐莫名的舞姬妃子，拉著蘇從的手談了起來。兩人愈談愈投機，竟至廢寢忘食。

蘇從驚異地發現，莊王雖三年不理朝政，但對國內外事無巨細都非常關心，對朝中大事及諸侯國的情勢都瞭若指掌，對於各種情況也都想好了對策，這一發現使蘇從不禁激動萬分。

原來，這是莊王的韜光養晦之策。他即位時十分年輕，不明世事，朝中諸事尚不明白，也不知如何處置，況且人心複雜，尤其是若敖氏專權，不明所以，他更不敢輕舉妄動。無奈之中，想出了這麼一個自汙以掩人耳目的方法，靜觀其變。在這三年中，他默默地考察了群臣的忠奸賢愚，也測試了人心。他頒佈勸諫者死的命令，也是為了鑑別哪些是甘冒殺身之險而正直敢言的耿介之士，哪些是只會阿諛奉承、只圖升官發財的小人。如今，三年過去，他的年齡已長，經歷已豐，才幹已成，人心已明，他也現出廬山真面目了。

第二天，他就召集百官開會，任命了蘇從、伍參等一大批德才兼備的大臣，公佈了一系列的法令，還採取了削弱若敖氏權勢的措施，並殺了一批罪大惡極的人，以安定人心。從此，這隻「三年不鳴」的「大鳥」開始勵精圖治，爭霸中原，後來楚莊王平定了國內的若敖氏叛亂，對外進行了長期的戰爭，終於成為春秋五霸之一。

【解析】

當一個人平心靜氣的坐下來思考事情時，通常會有許多較為正確、理性的想法出現，因為當思慮處在很平靜的狀態下，就不會有亂七八糟的雜念在腦海中縈繞，去掉雜念也就沒有干擾，腦子就清澈，敏銳度也會提升，自然就容易有好想法出現。

讀書也一樣，當人處在心煩氣躁的狀況下閱讀書籍，或是腦袋裡不斷地被某件事情給絆住了，那就很難將書中的文字轉化成思緒記錄在心裡面，成了「從眼睛進去，轉了一圈後又掉出來」的情形。如果心裡很平靜時，再去閱讀書籍，不僅可以很快的吸收文字，很可能還會有「舉一而反三」的延伸效果。

現在社會上流行「打禪」，目的就是要讓自己學著禁語內省的工夫。不妨在夜深人靜的時候試試，盤坐閉眼並舒緩地數息吐納，讓頭腦靜空，這可以讓你體會出此際與平日繁忙時的差異是多麼巨大。

46 法為民立，民以法存

椎鍛者所以平不夷也；榜檠者所以矯不直也。
聖人之為法也，所以平不夷、矯不直也。

——《韓非子・外儲說右下》

【譯文】

椎鍛，是用來整理不平的；榜檠，是用來矯正不直的。聖人根據自然原則來制定法規，所以能平整不平的，矯正不直的。

【經典故事】

魏文侯死後不久，他的兒子魏武侯即位。魏武侯是個胸無大志、滿足現狀的平庸君主。他聽信讒言，不再信任曾為國家做出貢獻的吳起，免去了他西河守將的職務。吳起無奈，便去了楚國。

戰國初期的楚國，雖說物產豐富，地廣人稠，但由於大權掌握在奴隸主貴族手裡，所以政治腐敗，經濟落後，國家一天天衰弱下去。中原各國都瞧不起楚國，稱之為「荊蠻之地」。

楚悼王即位前後，楚國先後兩次受韓、趙、魏三國的進攻，都吃了敗仗，喪失了很多土地，最後不得不用重禮請出秦王，請他出面調停。在內外交困的情況下，楚悼王很想變法圖新，吳起這時前來投靠，楚悼王高興萬分，他親自率領滿朝文武百官，恭恭敬敬地出城迎接吳起。

楚悼王在宮中大擺宴席替吳起洗塵，酒席間，楚悼王迫不及待地問吳起：「我們楚國論土地，有肥沃的江漢平原；論人口，有數百萬之多。可為什麼一直國貧兵弱呢？」

吳起一針見血地指出：「分封太多，王公貴族的勢力太大。他們為了自己的利益，上威逼大王，下肆虐平民，削弱了中央集權，壓制了平民的生產積極性。軍事上賞罰不明，選將不擇能而用，這就是民不富國不強的主要原因。」

聽了吳起中肯的分析，楚悼王沉默不語，感觸頗深，過了一會兒說：「寡人想使楚國儘快富強起來，請你告訴我該怎麼做？」

「推行新法，改革布新！」吳起堅定地回答，「現在楚國荒閒的土地很多，坐享其成、不勞而獲的人也很多，要解決楚國的弊病，最要緊的是申明法令，賞罰分明，獎勵耕戰。」

楚悼王聽了連聲說好，於是任命吳起為楚國的令尹，主持變法。

在楚悼王的全力支持下，吳起制定了新法，通告貼遍了楚國城鄉的大小街頭。主要內容有：免除貴族三代以上無功人員的官職，收回封地，取消俸祿，把住在國都周圍的貴族遷到地廣人稀的地區；嚴明法令，裁減無能無用的官員，廢除不急需的官職；整理財政，節省費用，獎勵耕戰，加強國防，用節省下來的錢建立一支強大的軍隊等等。

這些措施，一方面減輕了人民的負擔，並鼓勵了發展生產；另一方面大力打擊舊貴族勢力，加強了國家統治力量。

吳起在變法中身體力行，親自掌管軍隊的訓練和整頓，很快將楚國的軍隊訓練成了一支能征善戰的勁旅。吳起的軍事才能也充分發揮了出來，他率兵在一年的時間裡，南收百越，北並陳蔡，反擊了魏、趙、韓的進攻，使楚國成為在軍事上僅次於魏、秦的軍事強國。

但吳起的變法損害了貴族的利益，引起了貴族極大的恐慌和仇恨，有人曾當面辱罵吳起，說：「善於治理國家的人，總是依照祖先定下的規則辦事，如今你吳起這個『禍人』竟違背祖宗成法，廢除世襲制度，取消王親貴族的各種特權，這是大逆不道。你要立即改弦更張，否則禍到臨頭，必將後悔！」

吳起反駁說：「日月運行，朝代更替，任何事物都在不斷地變化，仍用古老的陳規陋習貽誤國政，那才是大逆不道。我奉大王之命，變法改革，為的是富國強兵，上合天意，下得民心。而你想停止變法，那是癡心妄想！」

此人被吳起義正詞嚴的一通話駁斥得無話可說，只好灰溜溜地走了。但舊貴族們卻不甘心他們的失敗，就在暗中造謠破壞，直到楚悼王下令：不許對新法妄加評論，凡妖言惑眾反對變法者，一律從嚴懲處。這才讓吳起得以抽身對新法內容進行充實，使之更加完善了。

然而，正當吳起全力推行新法，楚國逐步走向強盛的時候，楚悼王卻突然去世了。國家大喪，王宮混亂之機，舊貴族們乘機又死灰復燃，他們秘密串聯、謀劃，迅速組織起一支叛軍包圍了王宮，攻進內宮，射殺了吳起。可惜一代英才、才能卓越的政治家和軍事家吳起就這樣被活活殺死了。

太子楚肅王即位後，雖然誅殺了這起叛亂的七十餘家舊貴族，但吳起的新法也被廢除了。從此楚國一蹶不振，又漸漸衰退下去了。

【解析】

制定法律的目的，是要用它來讓整個社會的秩序齊整一些，這樣作為社會的領導者才能有效地推行政策與命令，整體才有可能愈來愈進步。若是沒有法律作為依據，那許多政策或命令根本就無法推行，這樣領導者也就不能有所作為，整個國家可能因此而停滯不前，甚至還會退步！

從個人的觀點來看，法律是一種約束，它會讓個人的行為受到一些鉗制，不能為所欲為的做事；從整體社會看來，法律則是一種保障，因為它能讓所有的人都獲得安全。假使有人想要胡作非為，那就會受到法律的約束。如果有人想要傷害他人，那法律就會來制裁他。如果人是獨居的動物，那或許根本就不需制定法律，然而人是群居的社會動物，既然群居就得要靠法律來維持整個社會的持續運作。

所有的群體動物，都會有一套群體的生存規範，那就是法律的原始雛型。群體動物需要借由這個規範，才能出現所謂的「群體和諧」，這在靈長類的動物中是最明顯了。而人又比其他靈長類的思想複雜，所以必須制定出白紙黑字的種種條文來保護這個「群體」。所以，我們既然是生存在社會中的一分子，就要重視整體社會的秩序，一來是尊重法律的效用；二來也是保護我們自己。

47 治強於法，弱亂於阿

治強生於法，弱亂生於阿。

——《韓非子．外儲說右下》

【譯文】

國家的安定和強大來自依法辦事，反之，不依法辦事，就會導致國家的衰弱和動亂。

【經典故事】

公儀休是春秋時期魯國人，向以「為官清廉」著稱。然而他雖清廉，卻也有一個嗜好——十分喜歡吃魚。當時由於魯國水產不豐，魚成了較難吃到的奢侈品。

然而公儀休卻不管這些，他把自己所有的俸祿幾乎全部用在吃魚上了。他幾乎每天都要吃魚，如果哪天沒魚吃，他就會覺得茶飯不香，難以下嚥。魚對於他來說簡直就是生活中不可缺少的一部分，離了魚，他幾乎無法生活了。賣魚的人知道這一點，每天都必定到他家去一趟。

這一年，公儀休當了魯國的宰相。於是，上上下下認識他的人以及那些想求他辦事的人，都投其所好，爭著買魚去送給他。不料，上門的人卻萬萬沒有想到，公儀休毫不領情，一概不收，並在門上懸掛一個告示：送魚者請勿入內。他的學生覺得奇怪，對他說：「先生這麼愛吃魚，為什麼不接受別人送的魚呢？」

公儀休說：「正因為愛吃魚，所以我才不能隨便收下別人送來的魚。如果收了人家的魚，就免不了口軟手軟，對人家露出低三下四的神色，這樣，我就難免徇情枉法。我若徇情枉法，說不定哪一天就會被革去宰相的職務。到那個時候，雖然我喜歡吃魚，這些人也不會給我送魚了；我沒了俸祿，自己又買不起魚，那就沒法天天吃魚了。與其這樣，我不如現在不接受別人的魚，廉潔奉公，做個好宰相。雖然不能吃別人送的魚，但我自己的俸祿能保證我天天有魚吃。」

【解析】

明白這個道理，為政者就要公正地實行賞罰而不可隨便暴露自己的愛憎，這樣就不會被他人騙取信任，不給他們徇私枉法留有機會。

然而，在現代社會，那麼多的貪官落馬，不都是這個道理嗎？古人早就想明白的事，今人卻還有執迷不悟者，不可悲嗎？希望正在貪的和想要貪的官們，能引以為戒。

48 圖難於易，為大於細

明君見小奸於微，故民無大謀；行小誅無細，故民無大亂。此謂「圖難於其所易」也，「為大者於其所細」也。

——《韓非子·難三》

【譯文】

英明的君主在隱微之中能發現細小的壞事，因此民眾不會產生大的陰謀；對細微的過錯實行小的懲罰，因此民眾不會發生大的動亂。這就是所謂的「要想戰勝困難應該從容易處開始」，「做大事要從小事著手」。

【經典故事】

葉公子高向孔子請教政事，孔子說：「政事的關鍵，在於讓近處的老百姓歡喜，讓遠處的老百姓嚮往。」

魯哀公向孔子請教政事，孔子說：「政事的關鍵，在於選拔賢才。」

齊景公向孔子請教政事，孔子說：「政事的關鍵，在於勤儉節約。」

孔子的弟子子貢問老師說：「三個人都是來向老師請教政事，可是老師的回答卻都不一樣。這是怎麼回事呢？」

孔子說：「葉公子高的領地裡，都城大而封地小，老百姓有背叛之心，所以我勸他要設法討民眾的歡心，增加內聚力。魯哀公身邊有孟孫、叔孫、季孫三個權力大的大夫；對外排斥各國來的人才，對內互相勾結愚弄國君，弄得不好，這三個人將來一定會使魯國宗廟斷了香火，所以我叫魯哀公要趕緊選拔賢才。齊景公大興土木，樓堂館所建得太多，發放獎賞沒有數，高興起來一個早上能賞賜三個人為三百乘的大夫，所以我勸他要勤儉節約。我這是對症下藥，有的放矢啊！」

有人說：孔子這些話，都是亡國謬論，千萬不要聽！

葉公子高屬下的百姓有背叛之心，孔子就叫他去討好百姓。怎麼討好？不外乎多給百姓些小恩小惠，無功的人也獎賞，有罪的人就放他一馬。無功受賞，有罪不罰，法制規章豈不都要遭到破壞？法制壞了政治就亂了，政治亂了老百姓就更難管了。這怎麼行得通呢？再說，下面的人有背叛之心，說明君主不能洞察姦情。不叫葉公瞪大眼睛防範姦情，卻叫他去討好百姓，也就是叫他放棄本來可以用來控制老百姓的絕對權勢，卻用小恩小惠去和那些有野心的人爭奪百姓。這真是不懂得掌握權勢的表現！當初堯帝的賢德算是很高的了，可是出了個舜，很得民心，舜走到哪裡，民眾就跟到哪裡，在那裡居住。堯終於失去了天下。有權勢的人不用權力來控制下面的人，以為自己可以靠仁德去和舜那樣的人爭奪百姓，真是不會用權術！

魯哀公手下三個權臣，對外排斥人才，對內蒙蔽君主，孔子就教他「選拔賢才」。可是誰是賢才啊？怎麼選拔啊？不根據功勞和能力進行考察，那只能根據自己的主觀印象了。然而這三個人不正是哀公自己選出來的「賢人」嗎？哀公要是知道這三個人是壞蛋，就不會讓他們繼續呆下去了。哀公的問題不在於不知道要選拔賢才，而在於不知道什麼人是賢才以及如何選拔賢才。他只知道憑主觀印象選賢，結果把這三個人選出來了。就像燕王子噲認為子之是賢才而荀卿不是賢才，結果國破身死；吳王夫差認為太宰嚭是賢才而伍子胥不是賢才，結果吳國被越國滅掉了。魯哀公根本不知道什麼是賢才，孔子卻叫他去選拔賢才，其結果與燕王子噲和吳王夫差會有什麼兩樣？

齊景公大手大腳發獎賞，孔子教他勤儉節約，這只會使齊景公沒有辦法治理國家。要治理好國家就應該論功行賞，只要確實有大功勞，賞出幾個大夫來又有何妨？至於建一點樓堂館所，只要國家安定，經濟狀況很好，那也算不上什麼奢侈。國家治理得不好，只叫齊景公自己勤儉節約，還是免不了貧窮。如果有一位國君用千里土地上的收入來供自己享受，那恐怕是夠奢侈的了，桀、紂也不過如此。齊國土地方圓三千里，齊桓公用全國一半的收入供自己享受，他的奢侈已經超過了桀、紂，但是他卻能成為五霸之首，因為他知道在什麼前提下可以那樣奢侈。為君的如果禁止不了民眾只會禁止自己，這叫作被脅迫的君主；沒法整頓下面只好整頓自己，這叫作昏亂的君主；不能節制下面只能節制自己，這叫作貧困的君主。

接著，韓非子提出一條解決的辦法，這就是：深入瞭解下情。瞭解下情，就能在事情發生的初始階段加以控制，把下面的奸邪活動扼殺在萌芽狀態，使奸邪勢力不得抬頭。這樣，小人就無法相互勾結，公私就能分明，朋黨就會解散，也就沒有小人對外排斥賢人、對內蒙蔽君主之患。深入瞭解下情，眼睛才能看得清；眼睛看得清，賞罰才能分明；賞罰分明，國家才不會貧窮。所以說，要使三公解除憂患，惟有叫他們深入瞭解下情！

【解析】

關於民眾有反叛之心，韓非子認為，英明的君主對細小的姦情都看得清清楚楚，老百姓哪敢有大陰謀？小小的犯罪都嚴厲懲罰，誰還敢作大亂？依照法度，有功的就給予獎賞，受賞的人也不必對君主感恩戴德，因為那是他自己出力的結果；犯了罪的一定要加以懲罰，被懲罰的人，也不會怪罪君主，因為那是他自己罪有應得。老百姓知道，賞也好，罰也好，都是自己招來的；這樣，他們就會努力從事自己該做的事情，而不去指望君主給予什麼恩惠。

再說任用賢才之道，韓非子說：英明的君主不親自提拔幹部，而讓幹部們自己互相競爭；不親自選拔賢才，而讓他們的才能自動顯示出來。任命的時候講清楚職責，把事情交給他們辦以測試他們的能力，最後加以考核來評價他們的功績，誰是賢才不就顯現出來了？哪裡需要勞駕君主自己去選拔什麼人才！

最後，針對君主是否應該節儉治國，韓非子說：英明的君主能叫人不敢營私舞弊，能禁止騙吃騙喝的人。凡是盡力努力把利益都如實上繳的人，君主都知道，知道了就給予獎賞；凡是貪污腐敗營私舞弊的人，君主也都知道，知道了就一定給予懲罰。這樣，忠臣就盡心盡力在朝廷辦事，老百姓勤勤懇懇在家工作，大小官吏兢兢業業對上級負責，君主即使比齊景公更奢侈，也不會成為國家的禍患。

49 剛強人避，寬厚人趨

夫火形嚴，故人鮮灼；水形懦，人多溺。

——《韓非子・內儲說上》

【譯文】

因為火的樣子猛烈灼人，所以人人都知道小心謹慎，避免被它燒傷；而水的樣子柔和平緩，人們往往會疏忽大意，以致溺水斃命。

【經典故事】

鄭國宰相子產積勞成疾，臥病不起，病危之際，他念念不忘的還是鄭國的將來。最讓他放心不下的當然是選好他的接班人。

子產看了一遍身邊這些前來探望的大臣，最後把目光定在了游吉身上。他心裡明白，此人忠心耿耿，廉潔奉公，在滿朝官員中頗有聲望，由他來繼任自己的宰相職位最為合適。唯一令人擔憂的是，游吉生性過於寬厚，不願得罪人，這恐怕會成為將來治理國家時的不利因素。因此，一定要在臨死前給他提個醒，把大事託付於他。於是，他招手示意游吉到跟前來。

游吉來到床前，子產支撐著從病床上坐起來，對他說：「我已經向大王推薦了你。我死之後，治理鄭國的重擔就落在你肩上了，希望你好自為之！」

不等游吉答話，子產接著說道：「以你之才，治理鄭國應當不成問題。但是，你稟性過於寬厚仁慈。這當然是一種美德，但治理國家和做人不同，執政不可過於仁慈寬厚。不知你注意到了沒有：火的樣子很嚴厲，人們見了就害怕，遠遠地躲著它，所以很少有人會被火灼傷；而水的樣子很柔弱，人們喜歡游水，結果被水淹死的人卻很多。執政就應該像火一樣，施行嚴厲的刑罰，而不應該像水一樣，讓你的寬厚害了國家。」

游吉聽了，信服地點了點頭。

子產死後，鄭王果然啟用游吉為相。不幸的是，子產最為擔心的事情果然發生了。游吉在他執政過程中始終無法嚴厲起來。由於法制不嚴，鄭國人愈來愈藐視王法，強盜愈來愈多。後來他們聚集在一個地方，對政權構成了嚴重的威脅。

游吉沒有辦法，只好調兵遣將，親率大軍前去鎮壓。經過一天一夜的苦戰，最終打敗了他們。但朝廷也是損兵折將，國力從此大大削弱。此時，游吉想起子產臨終前的囑託，喟然嘆道：「當初我要是早點奉行老國相的教導，就不會產生這麼嚴重的後果了。真是悔之晚矣！」

【解析】

韓非子認為，做人與治國不同，為人寬厚仁慈是一種美德，而治理國家也寬厚仁慈，就會造成嚴重的後果。並以水、火為喻，說明由於執法不嚴往往導致社會治安的混亂。韓非子借用此語，來說明嚴肅法紀的重要性，闡明其嚴刑峻法的治國思想。

50 明主制臣，刑德二柄

民信其黨，則事功成；信其刑，則奸無端。

——《商君書．修權》

【譯文】

如果民眾能夠相信君主會論功行賞，則政事都會得以順利地推行；如果民眾知道君主會對有過錯的人施刑罰，則奸邪之事就不會發生。

【經典故事】

西周初年，姜太公因為幫助周武王伐商有功，受封於齊。初到齊國，姜太公聽說齊國海邊上有兄弟兩位賢人，一個叫狂矞、一個叫華士，就去登門拜訪，想請他們出來做事。可是去了三次，兩人就是閉門不見，而且還揚言說：「我們就是不做天子的臣子，不與諸侯交往。我們自己種田吃飯，自己挖井飲水，無求於人。我們既不要天子給的名分，也不要君主給的俸祿。我們不做官，靠自己體力勞動養活自己。」

姜太公到了都城營丘，就派官吏把這兩個傢伙抓來殺了，作為他執政齊國首先誅殺的兩個人。

周公旦在魯國聽到這件事，趕緊派人用快馬送了一封信來責備姜太公：「狂矞、華士兄弟二人，是有名的賢人。你怎麼一到齊國就拿賢人開刀呢？」

姜太公回信說：「這兩個傢伙揚言：『不做天子的臣子，不與諸侯交往；自力更生，不求於人；既不要名分，也不要俸祿，不做官，靠自己體力勞動養活自己。』既然不肯做臣子，我就管不住他們；既然不與諸侯交往，我就用不到他們；他們自力更生，不求於人，我的獎賞和處罰措施對他們就發生不了作用；他們既不要名分也不要俸祿，對高官厚祿不感興趣，我就無法使他們為我效勞。這樣的人，即使聰明有賢才，也不會為我立功、為國家出力。先王用來調動臣民工作積極性的手段，不外乎職位、俸祿、獎賞、懲罰，可是這兩個人對這四樣東西都無所謂。要是大家都像他們這樣，君主去統治誰呀？這種人留著不殺有什麼用？讓他們無所事事無功無德還享有虛名為老百姓做榜樣嗎？

「假如這裡有匹馬，看上去毛色光鮮氣度非凡，好像是天下良馬，可是你用鞭子催牠走，牠不走，你用韁繩拉牠停，牠也不停；你叫牠向左牠不往左，你叫牠向右牠也不往右。這樣的馬，再蠢的人也不會用牠。

良馬之所以可用，就在於牠知道趨利避害，對飼料和鞭子有感覺。如果牠對你的飼料和鞭子都無所謂，你也就用不到牠了。這兄弟二人自稱是世上的賢人，卻不肯為君主所用。這種所謂『賢人』，不是英明君主所需要的臣子，就好像是那趕不動拉不走的馬，徒有『良馬』的虛名，實際毫無用處，不如殺了！」

【解析】

君主的統治要依靠權勢，有權有勢才好辦事。可是有些人對權勢並不買帳。獎勵表揚，他都看不上眼；

批評懲罰，他也不在乎。獎賞對他不能形成激勵，處罰也不能使他產生恐懼。這種人就很難控制，不如乾脆將他除掉！

管理的基本方法，從古至今都不曾改變過的，就是「獎勵」與「刑罰」這兩大原則。領導者就是要擁有這兩大原則，才能掌握屬下的行為，若是領導者不會好好的利用它們，那也就是不能有效的去管理。

但是，關於「獎勵」與「刑罰」之間運用的關係，卻也是挺不容易的，有時的確很難去做抉擇。

一位領導者要將獎勵與懲罰確實拿捏好是十分不容易的。因為觀點的不同，那就更突顯了這兩者間的彈性關係。所以，雖然只有兩種原則，但是要做好卻真的很不容易。

51 刑法不必，禁令不行

愛多者則法不立，威寡者則下侵上。是以刑法不必則禁令不行。

——《韓非子．內儲說上七術》

【譯文】

君主過分仁慈的話，法制就建立不起來；君主威嚴不足，就要受到臣下的侵害。君主對臣下示愛過多，就會喪失威嚴，以致執行刑罰不堅定，禁令無法推行。

【經典故事】

一天，秦國郎中閻遏、公孫衍外出辦事，看見一些百姓在廟前殺牛。他們感到十分奇怪，心想：現在不是祭祀的時節，百姓們為什麼要殺牛呢？於是，兩人上前詢問原因。百姓回答說：「我們殺牛祭祀老天爺，是為了還願。」

兩個郎中想進一步瞭解情況，又問：「還願？還什麼願啊？」

「事情是這樣的，」百姓解釋說，「前些日子，聽說襄王病了，我們就買了這頭牛，來廟裡祈禱，並向老天爺許了願：等襄王病好了，就殺了這頭牛祭天。現在大王的病已經好了，我們就來還願了。」

兩位郎中聽了，恍然大悟。他們想，襄王要是知道這件事，說不定有多高興呢。於是，他們興沖沖地回到王宮，向襄王道賀說：「大王的功德已經超過堯、舜了。」

秦襄王聽了，吃驚地問：「這話怎麼說？」

兩位郎中回答說：「堯、舜雖是聖人，他們的百姓還不至於為他們祈禱。現在，大王病了，百姓自動買牛為您祈禱；您的病好了，百姓就殺牛還願。所以我們說，大王您的功德已經超過堯、舜了。」

秦襄王聽後，非但沒有露出很高興的樣子，反而氣呼呼地嚷道：「怎麼可以這樣呢？你們快去查一查，看是哪裡所為，寡人要處罰那裡的官吏們各出兩副鎧甲。」

閻遏、公孫衍聽後，驚訝地問：「大王為什麼反而要懲罰他們呢？」

「你們為什麼就不明白這個道理呢？」襄王解釋說，「老百姓之所以為我所用，不是因為我愛他們，而是因為我有權勢，他們才為我所用。現在，老百姓沒有接到命令，就擅自為我祈禱，這是他們熱愛我的表現。他們熱愛我，我也必須愛他們，我一愛他們，就不能嚴格執法了。不能嚴格執法，就沒有了威嚴，做不到令行禁止，將來就有以下侵上的危險，這是亡國之道。所以，我不如責罰那裡的官吏，使百姓不敢再愛戴我，我也不必示愛於他們。這樣，就可以嚴格執法，依照法律來治理國家了。」

閻遏、公孫衍聽後連連點頭，他們這才理解襄王的良苦用心。

【解析】

在管理下屬時，領導者若是太過慈愛的話，那許多規定就無法嚴格地執行，一旦無法嚴格地執行，那領導者就失去了管理的能力。從整個團體或組織的角度看來，不去嚴格地執行政令法規，那就會毫無次序的亂成一團！樹立起管理者的威嚴是必要的，但也不需到了嚴酷冷峻的地步，那樣又太過分了。領導者只要盡好管理的職責，公事公辦，底下的人自然會遵守規定行事，這也不是很困難的。

52 猛狗社鼠，國之大害

利所禁，禁所利，雖神不行；譽所罪，毀所賞，雖堯不治。

——《韓非子．外儲說左下》

【譯文】

讓應該禁止的反而得利，對於有利的反而加以禁止，即使是神也無法辦好；讓應該受懲罰的受稱讚，對於該賞賜的反而加以詆毀，即使是堯也無法治理。

【經典故事】

宋國有個賣酒的小商人，價格公道，老少無欺，待客禮貌，酒也很好，招牌也掛得很高，可是他家的酒就是很難賣出，以至於酒都酸了。

商人始終搞不明白是怎麼回事，就向鄰家一位老人請教。

老人笑著說：「你家養的那條狗是不是太兇猛啦？」

商人問：「狗兇跟酒賣不出去有什麼關係？」

老人說：「當然有關係。你身邊的狗太兇，客人就害怕。有小孩帶了錢提了酒壺來買酒，你那狗齜牙咧嘴衝上去亂吼，小孩就嚇得不敢來啦，所以你的酒酸了也賣不掉啊！」

還有個故事：一天，齊桓公問國相管仲說：「治理國家最怕什麼？」

管仲說：「最怕的就是社鼠。」

齊桓公問：「什麼叫社鼠啊？」

管仲說：「古人祭祀土地神，立一根大木頭，外面塗上泥，作為土地神的象徵，那就叫社。藏身在那根大木頭裡的老鼠，就叫社鼠。」

齊桓公又問：「那治國為什麼怕社鼠？」

管仲說：「那老鼠如果在社木裡做窩，那可就麻煩大了。用火去熏吧，害怕把社木燒了；用水去灌吧，又怕把外邊塗的那層泥給沖掉了。所以藏身於社木裡的老鼠可安穩吶！如今君主身邊有些小人，就像那社鼠，在外邊作威作福仗勢欺人盤剝百姓，在裡邊結黨營私拉幫結派欺瞞君主。在內刺探君主的隱情，在外出賣內部消息，裡外都撈好處，群臣百官還要仰仗他們得到富貴。對於這些『社鼠』，法官如果不管，就要亂了國法；如果去管，又怕君主不高興。所以說，治國就怕遇到『社鼠』。」

【解析】

那些有才能的士人胸懷治國安邦的計策，想來獻給萬乘之君，底下的大臣卻像兇猛的狗一樣衝上去對人亂咬，又像「社鼠」一樣造謠生事，這就難怪君主會遭到蒙蔽脅迫，而有才之士得不到重用了。

如果一個國家既有「猛狗」又有「社鼠」，那就更糟糕了。操縱大權的奸臣，順我者昌，逆我者亡；給我好處我就幫忙，不給好處就叫你遭殃。他們就是「猛狗」。「猛狗」對著有才能的士人亂吼亂咬，君主身邊的「社鼠」又裡裡外外耍弄花招，人主渾然不知，聽任「猛狗」、「社鼠」擺弄，怎能不被蒙蔽？國家怎得不亡？

53 豺狼在旁，羊繁不盛

豺狼在牢，其羊不繁。

——《韓非子．揚權》

【譯文】

圈中若有豺狼，羊群就不可能順利地繁殖而增長數量。

【經典故事】

北宋開國名將曹彬為人誠實，寬厚仁義，尤以馭將有恩而為時人稱道，史稱「氣質淳厚」。其實曹彬對付小人也很有一套辦法。

有一次，宋太祖趙匡胤任命曹彬為主將，率軍征討南唐，臨行前太祖交給他一把尚方寶劍，說：「副將以下，不用命者斬之。」接著又問曹彬還有什麼要求。

曹彬說：「請求皇上恩准，調用將軍田欽祚擔任另一路的前敵指揮官。」

這一請求弄得部下們莫名其妙，因為大家都知道，這個姓田的既狡猾又貪婪，愛爭功名，最討人嫌的是愛在背後打小報告。這樣的人大家躲都來不及，為什麼還要把他弄到軍中呢？

曹彬事後曾對心腹言明個中道理：此番南征，任務艱巨，時間要很長，需要朝中群臣的全力支持，自己領兵在外，若朝中有人不斷進讒言搗亂，就很有可能壞了大事，而這個田某就極可能是這樣的角色；要防他，最好的辦法就是把他放到自己的眼皮底下，派他點用場，分他點功名，堵住他的嘴；再者還有尚方寶劍嘛，不怕他鬧事。

這樣一說，心腹才明白曹彬的深遠用意，連稱高明。

【解析】

牧羊者最害怕的就是放羊時遇上了狼，因為狼是會吞噬羊的動物。所以，牧羊者總是會養一些狗來幫助自己看守羊群。社會也是一樣，若是社會上出現了如豺狼般的禍害，那如何能期望人民會過得安居樂業呢？這簡直是不可能的事！

整體而言，要先追求安穩，才有進步的可能性。而「安穩」就是將禍害減到最低的程度，這當然不只是單單就某一方面可以概括的。就社會環境來說，犯罪對經濟的影響就可以說是禍害，因為它讓人民無法安穩的生活。於是乎許多人就開始找尋並怪罪環境惡劣的原因，然而我們卻可能都忽略了：我們不只是羊群而已，我們也可以扮演牧羊犬的角色。或許經濟問題得靠政策的輔佐才能見效，然而治安的問題，卻是人人都可以參與的，只要多多留意，發揮鄰里合作的功效，那成果是可見的。

一些其實靠大家的力量就可以收效的事情，不需要一拖再拖。因為，我們不僅僅是羊群而已，面對可自行解決的禍害時，就要適時的出面，以自己為社會的牧羊人。

54 亡國之廷，無人可用

亡國之廷無人焉。

——《韓非子．有度》

【譯文】

即將衰亡的國家裡，朝廷中就沒有可治國的能人了。

【經典故事】絝劉賀是漢武帝劉徹的孫子，父親死後，他襲封為昌邑王。劉賀本來就是個放蕩成性的紈絝子弟。父親活著的時候，他行為還有所收斂，現在父親沒有了，自己又做了王，他就更放縱自己，整天縱情淫樂。昌邑境內田地荒蕪，百姓生活困苦，無衣無食，他根本不放在心上。昌邑王的輔臣見王爺這樣，也都跟著沉湎於酒色之中，助紂為虐。

當時龔遂在昌邑做郎中令，他認為昌邑王荒淫享樂，不理國事，不合君道，作為輔臣，有責任加以規勸。如果不加規勸，甚至加以慫恿，雖然是順從了他，但最終是害了他。因此，他不顧自身的安危，多次直言規諫昌邑王。他每次勸諫，不僅引經據典，依理力辯，而且陳述禍害，曉以大義，講到傷感之處，甚至痛哭流涕。

但是，昌邑王從來沒有真正地聽從龔遂的勸諫，他把龔遂的忠言當作耳邊風，依然我行我素。有一段時間，昌邑王成天和管馬的小吏混在一塊，喝酒作樂無所顧忌，玩到興頭上，動輒賞錢數萬，根本無暇料理政事。別的屬官都習以為常，不加勸阻，只有龔遂深感憂慮。

有一天，昌邑王正玩得高興，龔遂進府求見。見到昌邑王后，龔遂一面哭泣，一面跪到昌邑王跟前。劉賀以為發生了什麼大事，忙問：「郎中令為什麼哭得這麼傷心啊？」

龔遂說：「臣對王國社稷安危感到痛惜啊。願大王摒退左右，聽臣竭盡愚智。」侍從們都退下後，龔遂對昌邑王說：「大王知道膠西王劉端因行為無道而導致國破身亡的事情嗎？」

昌邑王說：「不知道。」

龔遂說：「我聽說膠西王手下有個專門喜歡逢迎拍馬的大臣名叫侯得，膠西王昏庸無道，所作所為與暴君夏桀商紂差不多，而侯得卻說膠西王像堯舜一樣聖明，一味地歌功頌德，投其所好。膠西王特別喜歡聽別人的奉承話，侯得把他說得這麼好，膠西王很高興，自然也就特別寵愛侯得，甚至和他睡在一起，朝夕相伴，以致最後國破身亡。現在大王您親近小人，漸漸滋長邪惡，以致習以為常，這關係到封國的存亡，您不可不慎重對待！我之所以哭泣就是為了這個啊！臣請求大王親近賢人，疏遠群小，挑選精通經義、品行端正的人跟隨在您身邊，平時誦讀經典，學習禮儀，這樣對大王才有好處。」

昌邑王無奈，只得勉強接受了龔遂的建

議。於是，龔遂親選郎中張安等十人隨從昌邑王，陪他讀書。但劉賀惡習難改，僅幾天功夫，他就把張安等人趕走了，照常聲色犬馬，胡作非為。

元平元年（前七四年），漢昭帝劉弗陵去世。他沒有兒子，大司馬大將軍霍光等人就立劉賀為帝，原昌邑王府屬官皆進京供職。劉賀做夢也沒想到自己一夜之間由千歲侯王變為萬歲天子，得意之餘，更加毫無節制地縱情享樂。在從昌邑赴京奔喪的路上，他就指使手下搶奪民女，裝在車上。一路上他喝酒吃肉，毫無悲哀之情。即帝位後，他把國家大事拋到九霄雲外，每天不是和近臣飲酒作樂，就是乘車到處遊玩。他甚至不顧倫理，和漢昭帝的宮女淫亂起來。

龔遂目睹這一切，甚為焦慮，多次勸諫，要劉賀振作起來，以國事為重，但劉賀對此根本不予理會。

正如龔遂所料，昌邑王即帝位僅二十七天，就在執掌大權的霍光和一些大臣的倡議下以「淫亂無道」廢除了，迎立自幼長在民間的劉詢（被武帝廢黜的衛太子之子）為帝，這就是漢宣帝。昌邑王的群臣由於對昌邑王的行為不加以規勸，甚至慫恿他胡作非為，沒有盡到臣子的職責，因而被朝廷治罪，被殺的多達二百餘人。龔遂因為多次勸諫，盡到了做輔臣的職責，而被免除死罪。

【解析】

大清王朝是代表中國最後一個正統的帝國專制政權，它總共傳了二六八年。其中有一三〇多年之久是盛世，這在中國歷史上是獨一無二的！但是它也是使中國人第一次感受到喪權辱國、羞愧無容的朝代。從鴉片戰爭以來，清朝的統治者們都成了標準的駝鳥！打到後來每戰必輸，每輸必賠，甚至皇室還攜家帶眷地遠逃西安，紫禁城還讓洋人們隨便地進出。

像這樣的一個衰敗不堪的朝廷，當中真的沒有治國的賢能了嗎？當然不是！只是領導者的駝鳥心態作祟，不讓一些想勵精圖治的人在舞臺展現，如：譚嗣同、康有為、梁啟超等，他們全被領導者摒除在外！當時的領導者是慈禧太后，這位「老佛爺」除了會抓權外，幾乎一無是處。她不僅挪用了海軍費用來建頤和園，而在八國聯軍入侵後，仍舊過著奢華的生活。不久，清帝國就這樣瓦解了。

現今社會，有些組織裡其實仍存在著像慈禧這樣的人，不僅貪得無厭，而且還把頭埋在沙堆裡沾沾自喜！自以為沒有了他們，企業就會大亂、組織就會失序。孰不知，造成亂象的主因正是他們。失去權力的感覺對其而言大概是場噩夢吧！因為他們不相信別人能勝過自己。領導者若有這種心態，那的確是「朝廷無能人」了，領導者還會信任誰？還談何運作與分工？

55 照搬古法，死守陳規

不期修古，不法常可，論世之事，因為之備。

——《韓非子．五蠹》

【譯文】

不期望照搬古法，不死守陳規舊俗，而是根據當前社會的實際情況，進而制定相應的措施。

【經典故事】

一天晚上，楚國郢都有位老先生要給燕國的國相寫一封信，書童在一旁舉著蠟燭為他照明。光線太暗，老先生看不清楚，就對書童說：「舉燭！」意思是叫書童把蠟燭舉高一點。可是老先生一邊說著，一邊也就糊裡糊塗把「舉燭」兩個字寫到了信裡。

「舉燭」兩個字本來不是信中要說的意思，可是這封信到了燕國國相手中，國相卻自作聰明地解釋說：「『舉燭』，就是要崇尚光明。崇尚光明，那就得舉拔賢人給予重用。」他把這個意思說給燕王聽。燕王聽了也很高興，願意照這個意思去做，國家因此也就治理好了。可是這並不是那封信中本來的意思。當今做學問的人，迷信古人的書本，情況大致與此差不多。

認死理，守教條，不知變通，不聯繫實際，那就像有個鄭國人買鞋子。

鄭國有個人想到集市上去買雙鞋，先在家中為自己的腳量好了尺寸，放在凳子上。可是出門時忘了帶上，到了集市才發現量好的尺寸丟在家裡了。於是又趕緊返回去取。可是等到他拿了尺寸回來，集市早已散了，鞋子也買不成了。

有人問他：「你為什麼不直接拿自己的腳去試鞋子呢？」

他一本正經地說：「我寧可相信尺度，也不能相信自己的腳！」

還有一個世人皆知的寓言故事，也是說這個道理的。

宋國有個農夫，靠著家裡的幾畝薄地生活。碰上風調雨順之年，一家人的溫飽問題就基本上能夠解決；遇到水旱災害，就只好靠野菜充飢。

農夫的地頭本有幾棵碗口粗的樹，其中一棵因天旱蟲蛀枯死了。農夫鋸了樹，扛回去搭房建屋了，只留下一個兩三尺高的樹樁。

這一天上午，農夫照常在地裡工作。天氣很熱，農夫汗如雨下，他就停了下來，坐在離地不遠的樹蔭裡乘涼休息。

忽然，一隻野兔從草叢裡衝出來，箭一般地向農夫這邊奔來。因為樹蔭很暗，野兔到了跟前才猛然發現了農夫，它一驚，往旁邊一偏，正好撞在那根樹樁上，被重重地彈了回來，倒在地上不動了。農夫連忙過去一看，原來野兔的脖子都撞斷了。農夫很高興，撿起撞死的野兔，帶上農具回家了。

這天中午，農夫一家吃上了香噴噴的兔子肉。

下午，當農夫再次來到地裡的時候，他還在回想著兔子肉的滋味。他尋思道：「要是我每次來地裡都能撿到兔子就好了！」

他愈想愈美，就真的不工作了，仍去坐在上午坐著的地方，等著再有兔子撞死在樹樁上。然而，坐了整整一個下午，連兔子的影子也沒見到。

農夫沒有洩氣，第二天、第三天……他仍坐在原來的地方，等著撿死兔子。他總是想：再耐心等一等吧，說不定就要撿到了。

一個月過去了，農夫什麼也沒有等到。他的土地荒蕪了，他自己則成了人們的笑柄。

【解析】

韓非子藉故事諷刺、勸諫那些一味效法先人的君主。韓非子認為，不能一成不變地遵守先王或先賢的話，因為先王留下來的文字，並非如學者先生們以為的那樣，字字是真理。什麼鐘鼎上的銘文啊，華山上的石刻啊，不過是記錄當時先王的行蹤而已，好像今人到了旅遊勝地總喜歡刻幾個字表示「某某到此一遊」一樣，並沒有多少深刻的含義。即使古書上留下的一些先王的冠冕堂皇的話，也不要迷信。誰知道他當時在那個特定的情況下說那些話是什麼用心、什麼目的？

人應該把目光放在現實的社會上。何必一定要依照先人的辦法呢？先人的功德和治國方法，都是他們所處的特定社會環境和自身能力決定的，不可能完全不變地移植到現實社會中來。

的確如此，人類歷史是不斷發展的，新興必然戰勝腐朽。因此必須根據不同時代的不同特點，制定相應的政治措施，而絕不能因循守舊，固步自封，否則就會鬧出「鄭人買履」、「守株待兔」一樣的笑話。

成語「守株待兔」典出於此。

56 偏聽親信，禍患無窮

人主之患在於信人，信人則制於人。

——《韓非子·備內》

【譯文】

君主的憂患處在於過分信任人，一旦過分信任了某人之後則會受制於此人。

【經典故事】

叔孫豹在魯國執政，他地位尊貴而且十分專斷。

他手下有一個受他寵愛的小僕人名叫豎牛，也倚仗主子的威勢對下發號施令。

叔孫豹有個小兒子叫仲壬，豎牛十分嫉妒仲壬，想害死他。

有一次豎牛與仲壬一起到魯國國君住的地方去玩，國君就送了一隻玉環給仲壬。仲壬拜謝了國君，接受了玉環，但是因為還沒有告訴父親，所以他還不敢佩戴。他請豎牛替他向父親請示能不能佩戴。後來豎牛並沒有把這件事向叔孫豹稟報，就欺騙仲壬說：「我已經跟你父親說過了，他讓你佩戴。」仲壬就高興地把那玉環佩戴上了。

過了些時候，豎牛對叔孫豹說：「您是不是應該把你的小兒子向國君引見引見了。」

叔孫豹說：「他還是個小孩子，引他見國君做什麼？」

豎牛冷笑了一聲說：「其實他已經私下見過國君多次了！國君還送給他玉環，他都已經佩戴在身上啦！」

叔孫豹把兒子叫來一看，果然見他佩戴著國君送的玉環。叔孫豹大怒，心想：這麼小就知道背著父親偷偷討好國君，將來長大了豈不是個大禍害？於是他就找了個理由，把小兒子給殺了。

叔孫豹為孟丙鑄了一口鐘，鐘鑄好之後，孟丙因為還沒有請示父親，所以不敢敲。他讓豎牛去請示，仲壬還有個哥哥名叫孟丙，豎牛怕他會為弟弟報仇，又想把他除掉。

豎牛又故伎重演，騙他說請示過了，可以敲了。於是孟丙就敲了鐘。

叔孫豹知道後又勃然大怒，心想我為這個兒子花這麼多錢鑄了這口鐘，鐘鑄好了你連招呼也不打就自己先敲了起來。叔孫豹一怒之下，就叫孟丙流亡，孟丙只好逃到齊國去了。

過了一年，豎牛假意為孟丙求情，叔孫豹就叫豎牛到齊國去召孟丙回來。豎牛假裝到齊國走了一遭，並沒有去見孟丙，卻回來對叔孫豹說：「我奉命去召孟丙，可是他仍然怒氣衝衝，不肯回來。」

叔孫豹大怒，就派人到齊國把孟丙也殺了。

兩個兒子死了之後，豎牛就成了叔孫豹身邊唯一貼身的人。叔孫豹得了病，豎牛就把叔孫豹身邊的人全部趕走，自己一個人侍候，不讓任何人接近叔孫豹，說：「叔孫豹現在需要靜養，不想外人來干擾。」實際上豎牛斷絕了叔孫豹的吃喝，叔孫豹就這樣被他活活餓死了。叔孫豹死後，豎牛秘不發喪，偷偷地把叔孫家府庫裡的金玉財寶席捲一空，逃到齊國去了。

叔孫豹只聽信自己所寵愛的小人的話，結果父子三人都被這個小人整死。這就是不懂得多方考察、不會全面掌握資訊的禍患啊！

【解析】

韓非的理想君主就是集「法、術、勢」三者為大成的綜合體，是個婉肅厲嚴、幾同神明般的形象，如此才能確保君主不墜的地位。如果有這樣的一個君主，他還會去對底下的臣子提出「信」這個字眼嗎？還有可能受制於人嗎？當然是不會。

韓非子認為，領導者聽取下面的彙報，或就某個問題徵求意見時，千萬不要被「一家之言，一致同意」的假像所迷惑，一定要保持清醒的頭腦和暢通的耳目，多收集一些不同反映、不同意見，加以對比分析，這樣才能瞭解真相，做出正確的判斷。

現今社會裡爾虞我詐之事天天都有，觀閱新聞時均可發現，如騙財、騙色等等，是極有可能就發生在我們身邊，故對他人的警戒心是不可少的。當然也不要完全不信任人，這樣又太過，但適度的保護自己是不能欠缺的。

57 重罰輕罪，嚴法易行

古之善守者，以其所重禁其所輕，以其所難止其所易。

——《韓非子·守道》

【譯文】

古代善於守法之道的人，會用重的懲罰去禁止輕微的罪行，用難以違抗的法令去制止易犯的罪行。

【經典故事】

在商朝時，按所定的法律，對在大街上倒灰的人要處以重刑，將他們的手砍掉。

孔子的弟子子貢覺得這太過分了，就向孔子請教說：「在街上倒灰這麼件小事，怎麼要處以砍手這麼重的刑啊？古人是不是太殘忍了？」

孔子卻說：「這才是真正懂得治國之道啊！在大街上倒灰，灰塵肯定會隨風亂飛。灰塵飛起來，肯定會迷了人的眼睛。迷了人的眼睛，人肯定會發怒。人發怒就要吵架，吵架就要打鬥，打鬥就要調動家族一起上陣，變成家族之間互相殘殺的戰爭……所以，在大街上倒灰，是可能會引起家族互相殘殺的戰爭的。對這種行為施以重刑，有什麼不可以呢？再說，嚴厲的刑罰是人們極其害怕的；而不在街上倒灰，卻是人們很容易做到的。叫人們做到他們很容易做到的事，使他們免遭他們所害怕的刑罰，這不是很好嗎？這正是治國的好方法啊！」

【解析】

古代的法家都主張用嚴刑峻法來統治國家、管理人民，在馬路上倒灰而被抓到，就要砍斷他的手以示懲戒！這在我們現代來看，簡直是太過分了！這就好比是，如果抓到有農民在高速公路旁燃燒稻草，也要被砍掉雙手一樣可怕。

現代的人講求是人道精神，不可能再用那些可怕的刑罰，這點倒是我們要感到慶幸的。所以，要注意不要輕易地觸犯刑罰，雖然不似古代嚴重可怕，但是能一輩子不碰是最明智的了。

58 法明忠勸，罰必邪止

古者先王盡力於親民，加事於明法。彼法明，則忠臣勸；罰必，則邪臣止。

——《韓非子．飾邪》

【譯文】

古代的君主致力於親近民眾，從事於彰明法律。法律彰明，忠臣就能得到鼓勵；有罪必罰，奸臣就會停止作惡。

【經典故事】

從前，韓昭侯很善於察奸。有一次，他用餐的時候發現菜裡面藏了一塊生肝。他沒有把大廚師找來問罪，而是把廚師的副手找來，很突兀地厲聲喝問道：「你為什麼把這塊生肝放在寡人的菜裡？」廚師的副手以為韓昭侯已經知道了一切，嚇得渾身發抖，叩頭謝罪說：「小人該死，小人想陷害大廚師，想叫您撤他的職，好讓我來接替他。」

還有一次，韓昭侯洗澡的時候發現澡盆裡被人放上了一些石子。韓昭侯不動聲色，私下問左右的人：「現在這位負責我洗澡的人如果免職了，有沒有接任的人？」

左右的人說：「已經確定過一個接班人。」

韓昭侯說：「好！你去把這個人叫來！」

那人來了之後，韓昭侯便大聲呵斥道：「你好大的膽子啊！為什麼要在我的澡盆裡放石子？」

那人面如土色，如實招供說：「我該死！我是等不及了，想讓您把現任管洗澡的人免職，好讓我早點得到這份工作，才幹出這等缺德事啊！」

【解析】

這種「察奸」的方法和偵破案件的手段有些相似，即尋找造成這種結果後的受益者。有了這種思維習慣，才不會輕易受矇騙。

中國歷史上幾個有名的明君裡，若說有親近老百姓的，以今日的標準來衡量，恐怕是沒有的。這是因為時代環境變遷的關係，我們不用去討論它。當唐太宗在位時，他底下的忠臣何其多，最有名的房玄齡、杜如晦、魏徵等，其餘的也多是良臣人才，所以他在位的二十幾年中，才能開創出「貞觀之治」的盛世來。至於之後的唐玄宗在執政初期也是人才濟濟，身邊都是盡忠職守的官員，所以才有「開元盛世」的美稱。但到了後期他開始荒淫墮落，小人趁機當道，國勢便一蹶不振。

之所以會有如此大的差異，完全在於法律在當時有沒有受到重視。法律受到尊重時，政府的大大小小決策，都會按照律典來行事，自然是辦得有條不紊、井然有序。在這樣的狀況下，國家怎麼會不強盛、百姓怎麼會不安定？凡是依照法律，事情的來龍去脈都有所依據，自然行為良好、遵守法制的人會覺得再安心不過了，而百姓也是一樣。然而當法律不受重視時，情況便完全改觀了！偷雞摸狗的人可以大膽地胡作非為，奸人佞臣就會趁機巴結上級，秩序從此大亂！

59 名實相符，故能立威

名號誠信，所以通威也。

——《韓非子．詭使》

【譯文】

名位的稱號要與實際的相吻合，因為這關係到領導者的威勢。

【經典故事】

春秋時候，楚國的君主楚成王已經把大兒子商臣立為太子，可是後來又想改立小兒子公子職為太子。

商臣也隱約聽到一些風言風語，但沒法確認是否確有其事，就向他的老師潘崇請教說：「我怎樣才能知道父王是否真的打算廢掉我而改立公子職呢？」

潘崇說：「你父親跟你的姑媽關係比較親密，他的心思別人不一定知道，但你的姑媽不會不知道。你可以請她來吃飯，故意對她不尊敬，看她有什麼反應。」

太子就把他的姑媽請來吃飯，席間故意對姑媽不恭不敬。

姑媽氣得罵道：「你這個下賤胚！怪不得你爸爸要把你廢掉，立公子職為太子呢！」

商臣知道事情果然不妙，就把這個情況告訴潘崇，跟潘崇商量對策。

潘崇問：「你能俯首貼耳，忠心侍奉你的弟弟嗎？」

商臣說：「不能！」

潘崇又問：「你能甘拜下風，做你弟弟領導下的諸侯嗎？」

商臣說：「不能！」

潘崇又問：「那麼，你能幹一番驚天動地的大事嗎？」

商臣瞪著一雙發出兇光的眼睛，斬釘截鐵地回答：「能！」

不久，商臣便發動了政變，率領近衛軍去向他父親楚成王奪權，並且逼楚成王自殺。楚成王臨死之前提出的最後要求是希望再吃一次熊掌，煮熊掌需要較長時間，楚成王想藉此來拖延死期。可是商臣連這點要求也沒有答應，硬是逼著父親自殺了。

【解析】

在一個組織機構中，既然已經正式確立了一個人的位置，就不要再讓另一個人在他旁邊瞎攪和，造成身分和地位的不確定，使下面的人產生疑惑。因為一旦出現這種情況，最容易引起內部爭鬥。

領導者在其位時，千萬不能「只居其位而實無其權」，那好比只是木雕像，就算刻得再如何有氣勢、威嚴，也不會有任何實質上的作用。韓非要求的是領導者能夠真正的「名實相符」，那樣才有秩序、倫理。如果，身為領導卻是別人在掌權，那誰會認真地承認領導者的地位？

我們都知道，在二次大戰期間，許多佔領區都成立了所謂政權，但是全不被承認，就是因為這些所謂政權的領導人都是被侵略者操控的，最終都是遭人唾棄、輕蔑。

領導者就必須是名實相符才能使人信服，否則很容易落得個貽笑大方的下場。

60 罪有應得，誠服不怨

以罰受誅，人不怨上。

——《韓非子．外儲說左下》

【譯文】

因為確實犯了罪而受到懲罰，是會誠服而沒有怨言的。

【經典故事】

孔子周遊列國，宣揚他的政治主張。他來到衛國，得到衛靈公的重用。靈公死後，衛國發生了激烈的內部爭鬥，於是孔子決定離開衛國。

這時，有人造謠說：「孔丘率領門下弟子陰謀叛亂。」新任國君不辨真偽，下令立即逮捕孔子等人。孔子的學生子皋是衛國主管刑法的高官，聞訊後立即派人通知老師，要他帶領弟子們逃往他國。子皋自己也無法在衛國立足了，也騎上快馬倉皇出逃。

子皋快到城門時，遠遠望見城門口全副武裝的士兵正仔細地盤查著進進出出的行人。正在這進退兩難的時候，忽然聽到有人在他旁邊小聲喊道：「請跟我來！」

子皋側目一看，見那人拄著一根拐站在他身邊不遠的地方招手，看樣子有些面熟，好像是在哪裡見過，可一時又想不起來。此時，他已無路可逃，只好下馬跟著他走。

拄拐人把子皋帶到城門附近的一個暗室中躲藏了起來。半夜時，那人帶著一個包裹走了進來，他從包裹中取出一身衣服，讓子皋喬裝打扮，然後把他送出了城門。

子皋一直覺得很納悶，等他順利出了城門口，終於忍不住問道：「敢問恩公是誰，您為什麼要幫助我呢？」

拄拐人指著自己的瘸腿說：「您不認識我了？一年以前，我因疏於職守，觸犯了刑律，您依法對我施行了刖刑，我的這隻腳就是那時候沒了的。從那以後，我就做了城門的看守。」

子皋這時終於想起來了。可令他疑惑的是，這個人非但不報復他，反而甘冒風險來幫助他，這是為什麼呢？於是，他問道：「當初我不能破壞國君的法律而偏袒您的那隻腳。今天是您報仇的時候，可是您為什麼卻肯幫我逃走呢？我憑什麼得到您這樣的關照呢？」

守門人說：「我受斷足之刑，是我罪所應得，誰也無法幫我解脫。可是當初您在準備對我施刑的時候，您仔細揣摩國家法令，希望能使我免於酷刑，您所做的這一切，我都知道。等到後來審判定罪之後，您心裡悲傷，在您臉上反映出來，這些我又看在眼裡，知道您的好心。這不是您私心偏袒我一個人才這樣，而是您的天性和仁愛之心的自然

反映。這就是我甘心受刑而對您感激的原因啊。」

子皋聽罷，感激之餘，不禁又對他肅然起敬。

【解析】

因為確實有罪而受到懲罰，人們就不會產生私怨，由此可見嚴格執法的重要性。為政者維護法律的尊嚴，不徇私枉法，使觸法網者自知罪有應得。

如果執法不嚴，犯法者則必然會輕視法律，也會鄙視執法者的人格。

61 賞功懲過，治亂之本

夫賞無功則民偷幸而望於上，不誅過則民不懲而易為非。

——《韓非子・難二》

【譯文】

獎賞無功的人，民眾就會希望從上面僥倖獲賞；不懲罰有罪的人，民眾就會由於不受懲罰而輕易做壞事。

【經典故事】

有一次，齊桓公喝酒喝昏了頭，居然連標誌自己身分地位的冠冕都找不到了。他自己也感到很羞恥，覺著沒面子見人，於是一連三天不肯上朝。

國相管仲聽說了這件事後，進了王宮對他說：「的確，這是件丟人的事情，可以算是國恥。但是，您可以透過做好政治，讓人民滿意，來洗刷這種恥辱啊！」

齊桓公覺得這個主意不錯，於是就打開糧倉，慷慨地救濟那些貧窮的人；又打開監獄，把那些只是犯了輕罪的人統統放出去。過了三天，老百姓果然很滿意，編了歌謠唱道：「哎呀呀，真好啊！國君怎不再將帽子丟！」

【解析】

以惠遮恥，的確是個辦法。但韓非子認為：管仲幫齊桓公在小人面前洗刷了恥辱，卻讓齊桓公在君子面前留下了恥辱。假如齊桓公開倉濟貧、開監放囚是不符合原則的，那他做這些事本就不足以洗刷恥辱；假如是符合原則的，那他以前為什麼不這樣做？一定要等丟了帽子才這樣做？這不明擺著不是出於原則，而是為了帽子的事情？他這樣做雖然在小人面前洗刷了丟失帽子的恥辱，但在君子面前卻留下了丟失原則的恥辱！

開倉濟貧，這是讓無功之人受賞；開監放囚，這是讓有罪的人逃脫。無功可以受賞，以後老百姓就會偷懶不肯努力，僥倖等待天上掉餡餅；有罪可以逃脫，老百姓就容易無所顧忌，胡作非為。這都是造成混亂的源頭，還怎麼可以洗刷恥辱？

62 論功行賞，以過行罰

功當其事，事當其言，則賞；功不當其事，事不當其言，則罰。

——《韓非子．二柄》

【譯文】

根據一個人的言論授予相應的職事，以職事責求功效。功效符合職事，職事符合言論，就賞；功效不符合職事，職事不符合言論，就罰。

【經典故事】

有一次，韓昭侯因飲酒過量，不知不覺便醉臥在床上，酣睡半晌都不曾清醒。他身邊的小吏典冠，也就是職掌君王冠帶的侍衛擔心君王著涼，便找掌管衣物的典衣要了一件衣服，蓋在韓昭侯身上。

幾個時辰過去了，韓昭侯睡醒了，他感到睡得很舒服，不知是誰還給他蓋了一件衣服，很暖和。他打算表揚一下給他蓋衣服的人。於是問身邊的侍從說：「是誰替我蓋的衣服？」

侍從回答說：「是典冠。」

韓昭侯一聽，臉立即沉了下來，他把典冠找來，問道：「是你給我蓋的衣服嗎？」

典冠說：「是的。」

韓昭侯又問：「衣服是從哪兒拿來的？」

典冠回答說：「從典衣那兒取來的。」

韓昭侯又派人把典衣找來，問道：「衣服是你給他的嗎？」

典衣回答說：「是的。」

韓昭侯嚴厲地批評典衣和典冠道：「你們兩人今天都犯了錯，知道嗎？」

典冠、典衣兩個人面面相覷，還沒完全明白是怎麼回事。韓昭侯指著他們說：「典冠你不是負責衣服的侍從，你為何擅自離開崗位來做自己職權範圍以外的事呢？而典衣你作為掌管衣物的官員，怎麼能隨便利用職權將衣服給別人呢？你這種行為是明顯的失職。今天，你們一個越權，一個失職，如果大家都像你們這樣隨心所欲，各行其是，整個朝廷不是亂套了嗎？因此，必須處罰你們，讓你們接受教訓，也好讓大家都引以為戒。」

於是，韓昭侯把典冠、典衣一起降了職。

【解析】

韓昭侯的作法在今天看來也許有些過分，但他嚴明職責、嚴格執行、不以情左右原則的精神，還是值得肯定的，也有一定的積極意義。

韓非子主張，明君之馭臣，臣不能超越許可權而得功，不得陳言而不當。越權則判死罪，陳言不當則治重罪。這裡提出了君主駕馭臣下的「三段論」：言論、職事、功效。這三個方面是臣子要保持一致的，是辦事過程；功效、職事、言論，是君主要保持一致的，是驗證過程。合乎這三個方面則賞，言過其實、超越職權、沒有功效則罰，應嚴格實施，毫不懈怠。

63 君子忠信，戰場詭詐

繁禮君子不厭忠信，戰陣之間不厭詐偽。

——《韓非子・難一》

【譯文】

多禮的君子不嫌忠信多，陣前作戰不嫌詭詐計謀多。

【經典故事】

晉文公準備與楚國交戰，戰前他想先向自己的謀臣做一些諮詢。他先把舅犯找來問道：「我準備與楚國交戰，可是敵眾我寡，力量懸殊，如何是好？」舅犯說：「講禮儀的君子固然要守忠信，愈忠信愈好；但是打仗就不同了，所謂兵不厭詐。既然力量不足，就更需要用詐偽之術。我建議君王對楚國採取詐偽的方法。」

舅犯走後，晉文公又把雍季找來諮詢。雍季不同意用詐的方法，他說：「把樹林燒毀了來打獵，雖然可以獵獲許多野獸，但以後就沒有野獸可打了。用詐偽的方法來領導民眾去作戰，雖然一時可能奏效，但以後就不好收拾了。」

晉文公聽了點頭表示贊許。

可是到了作戰的時候，晉文公還是採用舅犯的計謀，運用詐偽之術，在城濮這個地方打敗了楚軍，並取得了勝利。

戰後，晉文公獎賞有功之臣，卻先獎賞雍季，後獎賞舅犯。底下的大臣們紛紛議論說：「城濮這一仗，多虧了舅犯出謀劃策。用了他的計謀打了勝仗，獎賞的時候卻把他放在後面，這恐怕不合適吧！」

晉文公卻對大臣們解釋說：「這個你們就不懂了。舅犯的計謀，只是一時權宜之計；而雍季的主張，才是考慮到國家的長遠利益啊！」

孔子對這件事發表評論說：「難怪晉文公能建立霸業啊！他既懂得一時權宜之計，又能考慮國家長遠利益。」

韓非子評論說：「雍季對晉文公的回答，可以說是根本不對！凡是回答問題，總要針對問題本身大小緩急的性質。問的是眼下的小問題，你的回答上綱上線扯那麼遠，那是廢話；問的是長遠的大問題，你的回答盡往雞毛蒜皮的小事上扯，那是錯話。晉文公問的是眼前怎樣以較少的兵力去跟楚國交戰，而雍季扯到以後如何如何，這不是文不對題嗎？

「晉文公也沒有真懂舅犯的話。舅犯說兵不厭詐，是說對敵人用詐，並不是用詐偽來領導民眾。敵人是我們要攻打的物件，詐他一下，以後不好收拾，又有什麼關係？晉文公重獎雍季，有什麼道理呢？因為他有功嗎？可是戰勝楚國，靠的是舅犯的計謀。因為雍季說的話符合道德嗎？他只不過考慮以後好不好收拾，這也談不上什麼道德。相反，舅犯的話卻是兩者兼有的。他先說『講禮儀的君子應當守忠信』，說明他認識到對自己的人民要忠愛，要講信用。這難道不是很符合道德的嗎？至於他又說要用詐，那只是說的軍事上必須用的策謀。舅犯既有道德感，又有出謀劃策戰勝敵人的實際功勞，文公評獎卻虧待他。孔子居然還誇讚晉文公，真是不懂如何正確地運用獎賞啊！」

【解析】

在韓非子看來，晉文公是既不懂一時權宜，也不懂長遠利益。因為如果戰勝了敵人，國家和君主就都安定，兵力強大，威信樹立，以後還有什麼不好收拾的？要說長遠利益，還有什麼比這更大的？如果在敵人面前吃了敗仗，兵力削弱，國家滅亡，君主就可能身敗名裂，挽救自己的命都來不及了，還顧得上什麼長遠利益？要想獲得以後的長遠利益，今天就必須戰勝敵人，今天要戰勝敵人，就必須對敵人用詐偽之術。因而，對敵人用詐偽之術，就是長遠利益！

64 法不阿貴，繩不撓曲

法不阿貴，繩不撓曲。

——《韓非子・有度》

【譯文】

國家制定的法令不能偏袒權貴，工匠劃線的墨繩不能遷就彎曲。

【經典故事】

漢朝的董宣在北海（今山東昌樂）地方做官的時候，當地發生了一件豪強地主隨便殺人的案子。有個叫公孫丹的人，在北海新建了一所富麗堂皇的住宅。房子完工以後，占卜的人說房子蓋得雖然好，可是觸犯了凶神，住進去一定會死人。公孫丹聽了很害怕，他決定犧牲別人的生命來免除自己的災難。他的兒子站在門口等著，看到門口過路的人，隨便抓幾個來殺了，埋在住宅裡，用這個辦法來祭祀凶神，避免住進去以後死人的災難降到自己的頭上。

公孫丹父子隨便殺人，當然是犯法的，依法當斬。可是公孫丹是地方上有名的豪強地主，平日裡誰都不敢管他。

董宣卻不怕這些，他認為自己既然是這裡的地方官，就應當秉公辦事，依法治理。他把情況瞭解清楚以後，立即派人把公孫丹父子抓來，判處死刑，並且立即就地執行。這樣一來，北海一帶的那些豪強地主大為震動，從此都不敢再為非作惡，隨便殺人了。

董宣辦理得最出色、因而使他獲得「強項令」稱譽的，是懲辦湖陽公主管家的案件。

湖陽公主是光武帝劉秀的姐姐。有一次，湖陽公主家裡的管家殺了人，觸犯了刑律。當時正是董宣在洛陽擔任縣令，殺人犯害怕董宣治他的罪，就躲在湖陽公主家裡不露面，靠著公主的庇護，逍遙法外。

董宣知道了這件事，很是氣憤，決心要把殺人犯抓來，依法治罪。

這一天，湖陽公主因事外出，帶了一大群家奴同行。那個殺人的管家認為風頭已經躲過去了，也混在家奴裡面一起外出。董宣聽到這個消息以後，趕快帶了縣衙門的人馬，守候在湖陽公主必須經過的夏門亭一帶。當公主的車馬前呼後擁地來到夏門亭時，董宣突然往路當中一站，擋住了去路。他用刀往地上一指，大聲地對公主說：「稟告公主，您的管家橫行不法，殺了人，應當判處死罪，請您把殺人犯交出來！」

湖陽公主見董宣攔住她的車馬，要她交出管家，覺得自己在眾人面前丟了面子，很不高興。她把臉一沉，斥責董宣說：「董宣！你身為縣令，不可胡言，我的管家怎麼會殺人？你有什麼真憑實據嗎？」

董宣說：「我當然有憑有據，您的管家殺人的時候，有許多人親眼看見的。您要不相信，我可以找人來作證！」

公主一看情況不妙，趕快改變口氣說：「董宣，你要知道，我的管家是我最信得過的人，就算他真的殺了人，你看在我的面子上，就饒了他這一回吧！」

董宣看到湖陽公主居然藐視法律，想要庇護殺人兇手，就板起面孔大聲對公主說：「公主！您家法不嚴，管家才胡作非為。他既然犯了法，就應當治罪，您不應該替他求情。難道公主家裡的管家就可以不遵守皇上的法律嗎？」

湖陽公主被董宣一責問，一句話也說不出來了。那個殺人的管家一看情況不妙，趕快往人背後躲，可是董宣早已經認出他來了，命令手下人抓住他，拉到路當中，當場就把他斬了。

湖陽公主看到一個小小的縣令居然敢冒犯她，當著眾人的面殺她的管家，心裡非常氣惱。她趕快跑到皇宮裡去，找到光武帝，訴說自己的委屈，要求光武帝給她做主。光武帝聽說董宣對姐姐這樣無禮，也很生氣，立刻下令把董宣抓來，要用亂棍把他打死。

董宣被押到朝堂，見光武帝要打死他，不慌不忙地說：「皇上要打死我，我當然不敢違抗。不過，請您允許我在臨死之前講句話！」

光武帝問：「你想說什麼？」

董宣說：「陛下英明，所以才復興了漢朝。如今公主的管家殺了人，公主置皇上的法律於不顧，想要庇護殺人兇手。我無非是公正地執行了法律，卻要斷送性命。陛下自己制訂的法律卻自己破壞了，這樣怎麼能把國家治理好呢？我看您不必打，我自己在這裡撞死好了。」

說完，就用頭去撞宮殿的柱子，頭皮撞破了，流了滿臉的血。光武帝趕快叫太監把董宣拉住。他仔細一考慮，覺得董宣的話很有道理，但是為了照顧姐姐的面子，就想叫董宣給姐姐賠個罪，把事情了結。他對董宣說：「你按照法律辦事，的確是有道理的，但是你冒犯了公主，使公主受了驚嚇，實屬不該。你現在去給公主磕個頭，賠個不是，我就饒了你。」

董宣聽說叫他給公主磕頭賠罪，很不服氣，說什麼也不肯答應。光武帝叫人把董宣拉到湖陽公主面前，按著他的腦袋叫他跪下磕頭。董宣一屁股坐在地上，用兩手撐著地，挺著腰杆，強著脖子，死也不肯低頭。

湖陽公主看到董宣態度強硬，覺得自己實在有些下不了臺，她對光武帝說：「早先陛下在鄉下的時候，專門庇護那些亡命之徒，做官的都不敢到咱們家裡來搜查。如今陛下貴為天子，難道連一個小小的縣令也處治不了嗎？」

光武帝苦笑著說：「天子和老百姓不同。董宣是個『強項令』，是為了維護皇家的法律才這樣做的，我不能處治他。你再找一個能幹的人做管家吧！」說完，他下令把董宣放了，還賞賜他一頓酒飯。

董宣把酒飯吃個精光，然後把杯盤全都翻轉過來，底朝上扣在桌子上。管事的人認為董宣這樣做是有意侮辱皇上，又把他扭送到光武帝面前。光武帝責問董宣說：「董宣，這一次你又有什麼可說的呢？」

董宣正色言道：「皇上賜給我飲食，我不敢剩下一丁點兒；皇上叫我辦事，我要拿出全部力氣，這就是我把酒飯吃個精光並且把杯盤翻轉過來扣在桌子上的意思。」

光武帝聽了，點點頭說：「這樣很好！」他下令賞賜董宣三十萬文錢。董宣把這筆錢全都分給了他的手下人。從此，「強項令」董宣的名氣就傳開了。

【解析】

韓非認為，與工匠以墨線為標準的道理一樣，治理國家應當以法度為準繩，執法者不袒護權貴，按照既定法規嚴格執法，做到法律面前人人平等。在現今這樣的法治社會，這個道理更是無庸質疑。只要稍稍注意一下新聞就能看到，那些貪官污吏、巨富豪強，最終也沒有逃脫法律的制裁，不管你官有多大，權有多高，錢有多少，只要是犯了罪，必將受到法律的嚴懲。

65 治亂之理，刑賞為急

治亂之理，宜務分刑賞為急。

——《韓非子．制分》

【譯文】

要消除混亂的道理，就要以區分刑罰與賞賜為最迫切的。

【經典故事】

在楚漢相爭這場大戰中，項羽和劉邦這對對立的雙方，在力量的對比上其實是很不平衡的。項羽無論就個人的勇猛威武、名望的影響力、士卒的精銳、戰功的卓著，都遠遠超過了劉邦，可是最後卻敗在劉邦的手下，這究竟是因為什麼呢？

其中一個重要的原因，便是在官爵的封賞上，沒有劉邦的手段高明。

韓信是劉邦取得勝利的一個關鍵性人物，可以說，沒有韓信，便沒有劉邦的江山。而韓信原來卻是項羽的部下，為什麼他要棄項而歸劉呢？他在同劉邦談到項羽時曾說過這樣一段話：「項羽這個人，威風凜凜，他一發起怒來，誰也不敢再吭一聲。可是，他不能發揮其他良將的作用，這只不過是匹夫之勇罷了。他對人也恭敬慈愛；同人說起話來，平易近人，如拉家常；誰要是有了疾病，他會急得流淚，將自己的飲食送給病人。可是，當別人立了大功，應該封官賞爵時，他把封賞的印鑑都刻好了，放在手上摩弄得印角都磨平了，還是捨不得交給應受封賞的人，實在是太小家子氣了。」

看來項羽不善於利用封賞官爵這個手段來激發別人為他效力，他的那些小慈小悲的舉動，是所謂口惠而實不至，無怪韓信要棄他而去了。韓信向劉邦建議，要反項羽之道而行之，大膽任用天下強將，將天下城邑封賞給有功之人，這樣便可以無往而不勝。

劉邦接受了他的建議，在這之前，他已破格將韓信這個投奔來的普通將領一步登天地提升為大將，而且拜將的禮儀極為隆重。韓信果然很為他賣命，取得了一次又一次重大勝利，後來佔據了山東的大片土地。為了穩定這一地區的人心，韓信向劉邦請求封自己為「假齊王」（即代理齊王）。當時劉邦正被困滎陽，盼著韓信來解救他，一接到韓信的請求，十分惱火，不由得破口大罵道：「我被困在這裡，瞪大了眼睛盼他來救我，他倒想自己稱王！」

這時，他的謀士張良、陳平對他說：「我們現在處境十分困難，還怎麼能夠禁止不讓韓信自己稱王？不如順勢買個好，就立他為王，對他客氣點，讓他固守在齊地。要不然，會出亂子的！」

劉邦立刻醒悟了，他現在其實是控制不了韓信的，只有來個順水推舟，答應韓信，才能將他籠絡住。於是劉邦立刻改口道：「大丈夫平定天下，要當就當真王，幹嗎還當假王？」

當時便派了張良去到韓信那裡，當面封他為齊王。

後來，到了楚漢相爭的關鍵階段，劉邦又一次受困，通知韓信

及另一位大將彭越前來會戰，這兩個人都沒能如約前來，劉邦一籌莫展，又是張良給他出謀劃策：「楚兵眼看就要失敗，而韓信、彭越沒有得到劃分的封地，他們不來，也是理所當然的了。君王如果能同他們共分天下，他們馬上便會前來；如果不能，事情就很難預料了。君王如果將從淮陽到海邊的這一片土地盡劃歸韓信，從睢陽以北到穀城這一片土地盡劃歸彭越，讓他們各自為戰，楚敵很快便會失敗了。」

劉邦接受了張良的建議，韓信與彭越便分進合擊，圍困項羽於垓下，迫使項羽自刎烏江，而將劉邦推上皇帝的寶座。

【解析】

當一個社會或一個國家處於混亂的狀態時，如何在最短的時間內讓混亂弭平？就要嚴格地區分出賞與罰的一套標準，而且要愈明確愈佳。為什麼說要愈明確愈好呢？因為當社會或國家混亂時，民眾必定會人心惶惶，一有什麼動靜，馬上就會草木皆兵、杯弓蛇影的狂躁不安！如果沒有趕緊地定出一套能讓大家心安的標準來，那這種混亂的狀態就會繼續延伸下去。

韓非子認為，一個混亂的局面，一定是因為沒有一套標準的賞罰制度，執政的人本身就是混亂的因素，他們隨意的殺人，只因為要滿足自己的報復心態。今天他不順遂，就要殺一百個無辜的人來抵償！哪裡還有秩序、標準可言？根本連道德都消失了，不混亂才怪！從而可知，一個有秩序的社會，必定要有一套賞罰分明的制度。而全國上下也必須照著這套制度來行為，才不至於有混亂的產生。

66 以身作則，身正民從

禁勝於身，則令行於民。

——《管子．法法》

【譯文】

國君如果以身作則，率先遵守國家的法律，那麼老百姓就會自覺守法，法律就很容易在國家中施行。

【經典故事】

曹操是大家非常熟悉的歷史人物。過去戲曲裡常常把他打扮成一個白臉奸臣。其實，曹操不但是一個很有作為的政治家、軍事家，而且還是一個嚴以律己、自覺守法的統帥。

建安五年（二〇〇年），曹操率軍在官渡和袁紹進行決戰的前夕，為了嚴肅軍紀，下了一道命令：「軍隊行軍，不許踐踏麥田，違犯者處死。」

可是，在行軍中，麥田裡突然飛出一隻斑鳩，從曹操騎的馬頭上掠過。戰馬受了驚嚇，嘶叫著竄進麥田。等曹操用力勒住韁繩停下來，已經踩壞了一大片麥子。

曹操趕緊下馬，對管理法令的主簿說：「我踐踏了麥田，違犯禁令，請按軍法治罪。」

主簿覺得統帥的馬踩了麥田，不好治罪，就對曹操說：「法令是對一般將士的。按照《春秋》的規矩，對尊貴的人是不能施加刑罰的。將軍是一軍的主帥，何況戰馬受驚，闖入麥田，是出於意外，不是存心違法，我看就不必治罪了。」

曹操見主簿不肯定罪，便要拔劍自刎。

部下慌忙拉住，勸阻道：「您是統帥，責任重大，怎麼可以輕生呢？」

曹操嘆了口氣說：「我身為統帥，更應該自覺遵守法令，即使不能處死，也一定要受到處罰！」說著，用劍「唰」的一聲割下了自己的一綹頭髮，擲在地上。

古代的人認為身體髮膚，受之父母，是不能隨便損毀的，因此割髮也是一種刑罰。曹操割髮代首的事情，馬上在全軍將士中傳開了。全軍上下見曹操這樣嚴格要求自己，人人自覺遵守軍令，不敢違犯。

【解析】

不管曹操做出「割髮代首」的行為是真的出於守法，還虛偽做作，都是值得推崇的。

管子既強調立法，重視法律本身，又強調執法，重視法律的執行問題。在法律的執行中，國君的表率作用十分重要。「其身正，不令則行；其身不正，雖令不從。」君主制定法律、樹立禮儀，首先要自覺遵守，以身作則。如果君主不以身作則，下面的老百姓就不會服從，如果老百姓不服從國家的法律，那麼國家就會產生混亂。所以歷代思想家都強調君主在遵守法律方面要起到表率作用。

67 進言之道，因勢利導

凡說之難，在知所說之心，可以吾說當之。

——《韓非子・說難》

【譯文】

凡是向人進言困難，在於知道人的心理，因而可以拿出自己的論說去適應它。

【經典故事】

商鞅是中國歷史上著名的改革家，他是衛國貴族的後裔，從小就喜歡研究刑名之學，曾在魏國宰相門下擔任掌管公族事務的官職。魏相對他的才幹十分賞識，臨終前將他推薦給魏王，作為宰相的接班人。魏王對這位年輕人並不以為然，更不要說讓他擔任宰相這樣重要的職務了。商鞅看到自己在魏國無法找到施展才幹的機會，便悄然離去，來到正處在內憂外患困擾中的秦國。

這時，秦國的新君秦孝公剛剛上臺，很想有一番作為。上臺後的第一步，便是四處搜羅人才。他下了一道命令：「不論是秦國人還是外來客人，誰要是能拿得出使秦國富強起來的好辦法，就一定得到重用。」

商鞅聞風而至，透過內臣景監的推薦，受到接見。

第一次謁見，秦孝公迫不及待地向商鞅詢問治國之道，商鞅高談闊論，口若懸河，滔滔不絕地大談「帝道」。然而，意見還沒談完，抬頭一看，秦孝公已呼呼入睡，根本沒有聽進去多少，商鞅只好退了出來。

事後，秦孝公很不高興地對景監說：「你的這位門客，只是一個夸夸其談、嘩眾取寵的人，並沒有什麼新思想，這樣的人怎麼能夠用呢？」

景監挨了批評，回去就問商鞅，究竟是怎麼回事。商鞅說：「我是希望孝公能夠行堯舜之道，所以著重在這方面發表了自己的見解，看來孝公對這一套沒有興趣。」

過了幾天，商鞅又要求景監幫助引薦，他第二次謁見了秦孝公。這一次，商鞅向秦孝公講述的是夏禹、商湯、周文王等人的治國之道，即所謂的「王道」，秦孝公只是耐著性子才聽完，漠然無言。

接連兩次談話都不投機，景監已失去信心，但這時的商鞅卻反而信心十足。他對景監說：「前兩次，我和國君談的是『帝道』和『王道』方面的設想，他確實態度冷淡，我已有了十分把握，秦孝公一定會對我的第三個方案有興趣。」出於禮貌，景監又請求秦孝公接受商鞅的第三次謁見。

這一次，商鞅經過認真準備，激昂慷慨地從管仲協助齊桓公稱霸天下，談到關於富國強兵的一系列改革設想。秦孝公聽得入了神，談話進入了高潮，商鞅卻戛然而止，告退出來。

第二天，意猶未盡的秦孝公召見景監，對商鞅的學說、才幹大加讚賞，並希望景監做出安排，再與商鞅深談一次。這一次，秦孝公與商鞅談得更為融洽和投機。秦孝公聽了商鞅關於改革、變法的精闢見解和細緻分析，被吸引住了，連君臣之間的禮儀也不顧了，幾次不自覺地移動座位向商鞅靠近。

兩人一連談了三天三夜，都毫無倦意。

會談結束後，對商鞅的作法最迷惑不解的是景監，他問：「為什麼前兩次談話都失敗，非要等到第三次，才把精彩的方案亮出來呢？」

商鞅解釋道：「開始我是建議孝公採用五帝或三代治理國家的現成辦法，秦孝公對這些老經驗都沒有興趣，我藉此看準了他真正的希望是革新圖強，所以第三次我才大談改革圖強之道。」

景監這才徹底明白了。

【解析】

一般說來，向人講說勸解的困難，在於是否能深入瞭解進言對象的心態，以便於用自己的說法去順應他、說服他。反之，如果不順應進言對象的心態，即使言之有理，也難以起到應有的作用，有時甚至會引火焚身，招致禍害。

生活中也是這樣，講述你的意見，應分清對象，順應他的追求而發。比如，對追求名譽的人，不能用豐厚的利益來勸導，否則就會被當作勢利貪婪的人。摸清人的心態是進言的關鍵。

68 以餘補少，以長補短

夫惜草茅者耗禾穗，惠盜者傷良民。今緩刑罰，行寬惠，是利奸邪而害善人也，此非所以為治也。

——《韓非子．難二》

【譯文】

捨不得除掉田裡的雜草，它就必然要跟農作物爭奪養分；容忍壞人和犯罪分子，他們就要傷害善良的老百姓。所以，如果放鬆刑罰，實行仁慈寬厚的政策，實際上是有利於壞人，傷害了好人。這種政策是絕不能拿來治理國家的。

【經典故事】

有一天，齊景公到國相晏嬰家中探望，發現晏嬰的住房條件太差，就對晏嬰說：「哎呀，堂堂國相，住這麼小的房子，又靠近菜市場，整天亂哄哄的，太不像樣啦。我給你一棟好房子，你搬過去住吧！」

晏嬰對齊景公拜了兩拜，謝絕了齊景公的美意。他說：「我家經濟條件不太好，早早晚晚經常要到菜市場上買點便宜貨，離市場太遠就不方便了。」

景公笑了笑，問道：「這麼說，你對市場行情是很熟悉的了。現在市場上什麼東西貴，什麼東西便宜啊？」晏嬰說：「現在市場上普通人穿的鞋子很便宜。但是有一種特殊的鞋子叫『踴』，是專供受過斷足之刑的人穿的，那東西很貴。」

齊景公不解地問：「怎麼會這樣呢？」

晏嬰說：「因為現在刑罰用得太多，好多人被砍了腳，所以『踴』供不應求啊！」

齊景公不聽不知道，聽了嚇一跳：「原來是這樣！看來寡人是太殘暴了。」

於是齊景公立即下令，減去了五種刑罰。

【解析】

晏嬰故意把話題引到「踴貴」，但說「踴貴」並非晏嬰的本意，他不過是想藉這個話題勸齊景公減少刑罰。初看這則故事，我們會認為晏嬰很睿智，而且善良。

但韓非子評論說：這正表現出晏嬰不明白治國的方法。刑罰如果運用得當，雖多也無妨；如果運用不得當，雖少也不好。晏嬰不談刑罰是否得當，只說刑罰太多，這說明他不懂治國之術。對臨陣脫逃的敗軍，殺他個成百上千作為懲罰也不算多，恐怕還未必能制止他們再次臨陣脫逃。治理混亂的社會，刑罰用得惟恐不夠，還怕不足以制止奸邪。晏子不仔細考察這些刑罰是不是用得恰當，卻籠而統之地說刑罰太多，這不是太糊塗了嗎？

69 循天順人，賞罰分明

聞古之善用人者，必循天順人而明賞罰。循天則用力寡而功立，順人則刑罰省而令行，明賞罰則伯夷、盜蹠不亂。如此，則白黑分矣。

——《韓非子．用人》

【譯文】

聽說古時候善於用人的君主，一定會遵循自然法則順應民眾心意而明確賞罰原則。遵循自然法則，就會用力少而功業得以建立；順應民眾心意，就會少用刑法而政令得以推行；明確賞罰原則，就會使伯夷、盜蹠不會造反叛亂。像這樣，就黑白分明了。

【經典故事】

春秋時候，齊威王當霸主時，西方的秦國在政治、經濟、文化各方面都比較落後，中原各國都瞧不起它，很少跟它來往，還不時派兵侵奪它的土地。

周顯王八年（前三六一年），秦孝公即位。他感到秦國外受強鄰的欺壓，內有貴族的專橫，日子很不好過，決心奮發圖強，改變國家落後的面貌。為了尋求改革的賢才，就下了一道命令：「不管是本國人，還是外國人，誰有好辦法使秦國富強起來，就封他做大官，賞給他土地。」不久，一個叫衛鞅的人應徵從魏國來到秦國。

衛鞅姓公孫，名鞅，原是衛國的一個沒落貴族，所以大家管他叫衛鞅，即後來的商鞅。他看衛國弱小，不足以施展自己的才華，就跑到魏國。在魏國當了好長時間的門客，也沒受重用。正在鬱鬱不得志的時候，忽然聽到秦孝公招聘人才，他決心離開魏國到秦國去。

衛鞅到了秦國，托人介紹，見到了秦孝公。兩個人議論國家大事，談了好幾天，十分投機。最後，秦孝公決定改革舊的制度，實行變法，推行衛鞅提出的新法令。

消息一傳開，貴族大臣們都一起反對。但秦孝公力排眾議，授予衛鞅推行新法令的大權，全力支持衛鞅施行改革方案。周顯王十三年（前三五六年），衛鞅的新法令公佈了。

新的法令剛剛開始推行，就遇到很大的阻力。那些貴族宗室不去打仗立功，就不能做官受爵，只能享受平民待遇，失去了過去的許多特權；實行連坐法以後，他們也不能為所欲為了。因此，貴族們都瘋狂地攻擊新的法令。在保守勢力的唆使下，就連太子也公然站出來反對。衛鞅把反對新法的甘龍等人罷了官，可是，太子是國君的繼承人，不便處分，衛鞅便去找秦孝公，對他說：「新法令所以推行不開，主要是上頭有人反對。」

秦孝公說：「誰反對，就懲辦誰。」

衛鞅把太子反對、故意犯法的事一說，秦孝公既生氣又為難，沒有言語。

衛鞅說：「太子當然不能治罪，但是新法令如果可以隨便違犯，今後就更不能推行了。」

秦孝公問：「那怎麼辦呢？」

衛鞅說：「太子犯法，都是他的老師唆使的，應該懲治他們。」

秦孝公表示同意。這樣，太子的兩位老師公子虔被割掉了鼻子，公孫賈被刺了面。眾人看到秦孝公和衛鞅這樣堅決，都不敢反對新法令了。

幾年以後，秦國變得強盛起來。由於新法令規定增產多的可以免除一家的勞役，老百姓都一心務農，積極種田織布，生產得到很大發展，人民的生活也有所改善，老百姓都很高興；由於新法令規定了將士殺敵立功的可以升官晉級，所以將士都英勇作戰，秦軍的戰鬥力得以大大提高。秦孝公見衛鞅制訂的新法令成效顯著，就提升他為大良造，並且派他帶兵去攻打魏國。

隨著秦國的日漸強大，原來十分強盛的魏國這時候已經相對衰弱下來，根本不是秦國的對手，連都城安邑也被秦軍攻佔了。魏國只得向秦國求和。

衛鞅凱旋而歸，接著，在國內又進一步推行新法令，主要內容有：把國都從雍城（今陝西鳳翔）遷到東邊的咸陽，以便於向中原發展；把全國分成三十一個縣，由中央直接委派縣令、縣丞去進行治理，不稱職的縣官治罪；廢除「井田」制度，鼓勵開荒，誰開歸誰，允許自由買賣土地；統一度量衡等。新法令實行了十年以後，秦國變成了當時最富強的國家。周天子派人給秦孝公送來禮物，封他為「方伯」，中原各國都紛紛前來祝賀，對這個新興的強國都另眼相看了。

秦孝公十分歡喜，把商、於一帶十五座城鎮封給了衛鞅，表示酬謝。從此以後，人們就把衛鞅稱作商鞅了。

過了幾年，秦孝公病死了，太子即位，是為秦惠文王。惠文王以前反對商鞅的新法令，商鞅給他定了罪，給他的老師判了刑，所以他一直懷恨在心。他一當國君，那些過去反對商鞅變法的舊勢力又得勢了。

他們揑造罪名，說商鞅陰謀造反，惠文王就把他抓起來處死了。

商鞅雖然死了，可是他推行的新法令已經在秦國紮下了根，再也無法改變了。他的變法為後來秦國統一中原打下了堅實的基礎。

【解析】

韓非子的用人觀，重點在於「明法」，強調賞罰分明。善於用人者，首先在於「循天」。「循天」，無非是自然之道；用之於治國，則是君主之道。這就要善於乘勢而「用法」，使臣下盡忠效力，表現出實際才能，這是根本，也是韓非所有述說的歸宿與前提。所謂「順人」，就是所設賞罰要順應人情。賞，就要讓人覺得既值得又能夠得到。目標定得過高，人人都將喪失積極性；要求過於難了，人人都有畏懼之心。罰，就要讓人覺得應該避免，也能夠避免。罰不可避，人人將望之卻步；有可避之罰，人人樂於聽命。這樣，才能令行禁止，人人樂於遵章行事。

70 好利惡害，人之常情

好利惡害，夫人之所有也。賞厚而信，人輕敵矣；刑重而必，夫人不北矣。

——《韓非子．難二》

【譯文】

喜歡利益討厭禍患，這是人們固有的心理。獎賞豐厚而誠信，人們就會輕視敵人而不懼怕；刑法苛重而堅定，人們就不會臨戰逃跑而敗北。

【經典故事】

趙簡子帶兵攻打衛國的城池，他用犀牛皮製成的盾牌保護著自己，站在敵人武器攻擊不到的地方，擂起戰鼓，叫戰士們往前衝，戰士們卻畏畏縮縮，不肯上前。

趙簡子大怒，扔掉鼓槌喊道：「我的士兵怎麼這麼不中用！」

這時，一位名叫燭過的小官脫去盔甲走上前來對趙簡子說：「君主也不要只責怪士兵，我聽說，君主也有不中用的時候，士兵倒是沒有不中用的。從前我們的先君獻公吞併十七國，征服三十八國，打了十二場勝仗，用的就是這些士兵。獻公死後，惠公即位，他荒淫殘暴，秦人來侵犯，打得我們節節敗退，從都城撤出去十七里，用的也是這些士兵。惠公死後，文公上臺，包圍衛國，攻取了鄴城，城濮之戰，五次打敗楚國人，威名遠揚，聲震天下，也是用的這些士兵。可見君主中用不中用很重要，士兵倒無所謂中不中用。」

趙簡子明白了他的意思，就撤掉盾牌，站出來迎著敵人的箭石，再次擊鼓進兵。這次士兵們果然奮勇向前，大獲全勝。

戰後，趙簡子對燭過大加讚賞，說：「與其讓我得到千乘戰車，還不如聽到燭過一席話！」

韓非子評論說：燭過其實並沒有說出什麼道理來。他只是說惠公用這些士兵打了敗仗，而文公用這些士兵卻打了勝仗，卻沒有說出他們是怎麼用這些士兵的。趙簡子沒有必要扔掉盾牌站到敵人箭石之下去冒險。生身父母被劫持，孝子固然會冒著生命危險去搭救，但那是孝子對父母啊！這些士兵會把趙簡子當作生身父母嗎？一百個士兵當中恐怕也不會有一個。以為只要將領冒著生命危險站在槍林箭雨之下，士兵就一定會為他拚死賣命，那就等於指望成百上千的士兵都能像孝子對待自己的父母一樣對待自己的將領，這怎麼可能呢？不過是騙人而已！

而好利惡害，倒是人之常情，可以用來激勵士兵拚命。獎賞金額高一點，獎賞條例明確一點，士兵們面對敵人就不怕死了。軍法嚴一點，刑罰重一點，士兵們就不敢臨陣脫逃了。要求士兵們道德高尚，主動為君為國獻身，這樣的士兵幾百個裡面也很難挑出一個來。而喜歡得到獎賞之利，害怕遭到嚴刑處罰，人人莫不如此。帶兵打仗的將領，

不運用在每個人身上都能奏效的淺易道理，卻要依靠數百個人當中都找不出一個來的高尚德行，這不是很糊塗嗎？所以說，那個燭過根本就不懂帶兵打仗的道理！

【解析】

韓非子師從大儒荀子，他繼承了荀子「人性本惡」的思想，完全以獎賞和懲罰作為領導者治國、統兵、用人的方式，也是唯一方法。蔑視那些身先士卒、以身作則的方法。聽起來不無道理，但是由於缺少人情味，未免有偏頗、過激的味道。

這也正是兩千年來，法家思想為人所詬病的根本所在。

71 法律面前，人人平等

刑無等級，自卿相將軍以至大夫庶人，有不從王令、犯國禁、亂上制者，罪死不赦。

——《商君書．修權》

【譯文】

刑罰不分等級，自卿相到將軍，以至大夫，甚至是普通大眾，只要有不服從君王命令的、觸犯了國家法度的、擾亂上級規制的，都判處死罪，而且絕不赦免。

【經典故事】

唐憲宗年間，許孟容出任京兆尹，處理京城長安的政事。

他一上任就碰上了棘手事情。原來，自從唐德宗興元元年以後，駐守長安的禁軍由於保衛皇室立了大功，驕傲得不得了，再加上禁軍的頭領都是有一定背景的，不是朝中權貴就是受皇帝寵倖的人，禁軍們自居有功，又有靠山，根本不把旁人放在眼裡。他們的驕傲情緒愈來愈滋長，到後來，軍官士兵上上下下一天比一天放縱蠻横，在京城裡為非作歹、耀武揚威，鬧出事兒來一走了之，連京兆府及屬縣衙門都管制不住。

許孟容卻是個剛直之人，他偏要摸摸這個老虎屁股，殺殺禁軍的威風。

當時恰巧有件案子落在手上。禁軍中的一支神策軍隊伍中，有個軍官叫李顯的，倚仗權勢一向在城裡為非作歹，兩年前向長安縣一家富戶借了一千貫錢，至今仍拒不歸還。

富戶上門討債，李顯不但將人趕出門去，口裡還不乾不淨地辱罵著，這哪裡是借錢，分明是巧取豪奪啊！那富戶壓抑不住憤怒，向京兆尹告發了他。

許孟容聽了富戶的申訴，點點頭，心想，這夥禁軍已經到了這種地步！天子腳下他就敢如此撒野，不治治他們，他們是不會懂得還有天理王法！

周圍吏員勸告他說：「大人，這件案子已經三年了，一直沒有解決。禁軍神通廣大，就是京兆尹也鬥他們不過，所以前任京兆尹大人一直沒敢動李顯，大人您也請三思啊！」

許孟容說：「我做大唐的官，就忠大唐的事，誰敢把我怎麼樣？」

他派皂隸將李顯逮捕歸案，李顯起初還強詞奪理，傲慢得很；許孟容十分生氣，令左右搬出刑具，好一番嚴刑拷打！直打得李顯哭爹喊娘，直叫饒命才肯歇手。許孟容警告他說：「必須在某日以前還清一切欠帳！如不按時歸還，按照大唐律法，就判你死刑，絕不寬恕！」

許孟容剛勁正直，秉公執法，敢於用法律制裁一向自鳴得意的禁軍官員，這件事在禁軍中反應很大，所有人都不得不有所收斂，借了錢的趕緊還錢，打了人的趕緊賠禮道歉，京城風氣為之一新。京兆尹許孟容的威望震動四方，贏得剛正廉明的美名。

【解析】

法律的制定固然重要，但如果有法不依，做不到執法公正，那麼法律就只是一紙空文。如果法律只對一般人起作用，而對某些人則失去其強制性和約束力，那麼就會造成民心惶惑，無所適從，最終導致法制混亂。

要「法治」不要「人治」，這句話說起來容易做起來難。尤其在法制權威讓位於宗法等級觀念的中國封建社會，天子、皇親、顯貴、豪強們都不會自覺守法，而往往凌駕於法律之上，即使犯了法，也是「刑不上大夫」。而臣子、下民們往往認為理應如此，若偶爾王子與民同罪，或執法不徇私情者，便「物以稀為貴」而名垂青史了。

商鞅很重視法的平等性，他認為任何人都不能凌駕於法律之上，強調執法必嚴，執法公正，絕不允許徇私枉法。這句名言在今天對於維護法律的尊嚴，制止徇私枉法的行為，依然具有積極意義。

72 治國之道，厚賞嚴罰

賞不足勸，則士民不為用；刑罰不足畏，則暴人輕犯禁。

——《管子．正世》

【譯文】

賞賜不足以令人激勵，民眾就不會為君主出力；刑罰不足以使人畏懼，壞人就敢於違法犯禁。

【經典故事】

齊宣王（前三一九 前三〇一年在位）時，齊國國富民強，達到鼎盛。齊宣王雄心勃勃，有「欲闢土地，朝秦楚，蒞中國而撫四夷」之志，以完成統一中國的大業為己任。宣王廣招天下賢才，國外學者紛紛來稷下講學，稷下學宮成為當時世人矚目的文化和學術中心。著名學者荀子、鄒衍、淳於髡、田駢、接予、慎到都來過稷下。

當時何以如此多的賢才齊聚齊國都城？無疑宣王實行的是厚賞手段。首先，他在政治上給稷下先生們以很高的地位。曾一次對七十六人「皆賜列第為上大夫」，讓他們「不治而議」，即不處理日常事務，專門議政。其次，他在經濟上給予優厚待遇。學宮「開第康莊之衢，高門大屋尊崇之」，說明住房條件的優越；俸祿薪水，史籍雖無詳載，但有記載他們「受上大夫之祿」的說法，表明俸祿也是優厚的。《戰國策》中記載一齊人譏諷稷下先生田駢的話：「今先生設為不宦，貲養千種，徒百人，不宦則然矣，而富過畢也。」

設為不宦的田駢，實際上卻享有豐厚的俸祿和廣多的眾徒，「不宦」竟比為宦得到更多的實惠，可見稷下先生的政治地位之高和經濟待遇之厚了。

齊威王八年（前三四九年），楚國向齊國大舉進攻，齊王派淳於髡到趙國請求救兵，於是給了他黃金百斤，車馬十駟（四匹馬拉的戰車為一駟）。

淳於髡仰天大笑，把帽帶子都笑斷了。

齊王說：「先生是嫌東西少嗎？」

淳於髡說：「豈敢豈敢。」

齊王說：「那你笑什麼？」

淳於髡說：「剛才我從東邊來，看見路邊有一個祭祀土地神的人，面前擺了一個豬蹄、一杯酒，口中念念有詞地說：土地神啊，土地神！求你保佑我家高地上的穀物盛滿筐，低田裡的農作物裝滿車，五穀豐登，滿屋滿倉。他拿的東西這麼微薄，而要求的那麼豐厚，我想起來就想笑。」

於是威王又增加了黃金千鎰，白璧十雙，車馬百駟。淳於髡這才辭別威王，去了趙國。到了趙國，趙王給了他十萬精兵、千乘革車。楚國聽到了這件事，星夜撤兵而去。

【解析】

賞賜少了，神都不答應，何況人？得到好處，才樂意效勞，心存感激，才一心酬恩，這是人之常情。同樣，人民畏於刑罰然後才能服從，否則，刑罰不足畏，人民就會輕易地違法犯禁。《管子》認為：「安國在於尊君，尊君在於行令，行令在於嚴罰。」法令維繫著國君的權威和國家的安危，所以，制定法令、嚴行法令乃是治國之本。使法令貫徹到百姓，唯一的辦法就是嚴罰。

在西方的管理理論中，有所謂「熱爐法則」。就是說法令如同燒熱的火爐，誰要敢於觸犯它，就必然會受到「燙」的處罰。這種處罰有四個特點。一是即刻的：當你一碰到火爐時，立刻就會被燙；二是預先示警的：火爐是燒得通紅的，任何人都知道一碰就會被燙；三是適用於任何人：火爐燙人是不分親疏貴賤，一律平等的；四是徹底貫徹的：火爐燙人「說到做到」，不是嚇唬人的「一紙空文」。

今天，我們也應該好好學習這一道理，將其用在企業裡、經營管理上，必將創造出驚人的效率來。

73 賞必兌現，罰必堅決

賞莫如厚而信，使民利之；罰莫如重而必，使民畏之；法莫如一而故，使民知之。

——《韓非子．五蠹》

【譯文】

施行獎賞最好是豐厚而且一定能兌現，使人們有所貪圖；進行刑罰最好是嚴厲而且堅定，使人們有所畏懼；法令最好是一貫而且不可更改，使人們都能明白。

【經典故事】

戰國時候，魏國的魏武侯在位時，吳起曾擔任西河這個地方的太守。西河西邊就是秦國，秦國有個崗亭靠近魏邊境。駐守崗亭的秦國士兵經常來西河騷擾，或搶走農民的耕牛，或凌辱這一帶的婦女，或偷割成熟的農作物，西河百姓深受其害。因此，吳起一來，就決心拔掉這個釘子。

可是，吳起手下兵力不足，臨時徵兵又很難徵到。怎麼辦呢？他想了一個主意。

一天，吳起叫人把一根車轅子搬到北門外面，並把它斜靠在北門的一側，旁邊貼張告示：「如果有人能將這根車轅子搬到南門外面，太守將賞給他良田二十畝，上等住宅一套。」落款處是吳起的名字，並赫然蓋著「西河太守」的大印。

消息很快傳開了，許多人圍著車轅子議論紛紛。有的說，車轅子那麼輕，搬到南門也不遠，賞賜怎麼

吳起

會這麼厚呢？有的說，太守怕是在跟老百姓開玩笑吧？議論歸議論，就是沒有人動手去搬。

一直到傍晚時分，北門來了一個二十多歲的小夥子。他看了看告示，又看了看車轅子，將信將疑地問那負責監守的士兵：「這是真的嗎？」那士兵回答：「你沒看見有太守的大印嗎？」

小夥子心裡還有些狐疑，但他決定試一試。於是，他扛起車轅子，邁開大步，穿過繁華的鬧市區，一直送到南門外面，小夥子身後跟著一大群看熱鬧的人，他們一方面嘲笑小夥子白日做夢，想得到天上飛來的橫財，另一方面也想看看結果究竟如何。

負責監守的士兵看見車轅子送到了指定地點，就領著小夥子進了太守府。不一會兒，小夥子出來了，他滿心歡喜，手裡拿著太守賞給的田契和房契。看熱鬧的人見了，眼紅得不得了，後悔當初自己為什麼不試一試。

第二天，吳起又叫人把一石豆子放在東門之外，出告示說：「如果有人把這石豆子送到西門外面，本太守將像昨天一樣給予獎賞。」落款處依然是吳起的大名和西河太守的大印。

這一次，人們都爭著去搬豆子了。搬運的人同樣得到了賞賜。自此以後，西河百姓都知道了新來的太守言出必踐，很守信用。

吳起看看時機已經成熟，就出了第三張告示：「本太守明天將領兵攻打秦國的崗亭，為西河百姓除害。

現在大量徵收壯丁，希望大家積極參軍。攻打崗亭時，首先攻上去的，將封為國家的大夫，賞給上等的住宅和田地。」落款處當然還是吳起的大名和西河太守的大印。

百姓見了告示，都爭著報名參軍，不一會兒就徵收了足夠的兵丁。第二天，吳起率領人馬向秦國崗亭發起猛攻，將士們個個奮勇爭先，一個早晨就把秦國的崗亭奪下來了。

【解析】

重賞之下必有勇夫，嚴刑之下必無懦夫。其中還包含一個條件，那就是信賞必罰，言出必踐。取得人民的信任，乃是執政者取得成功的一個基本條件。

不僅僅是執政者，小到一個組織、一個企業，莫不如是。這也是留住人才、吸引人才的一個好辦法。

74 刻薄寡恩，嚴刑峻法

刺骨，故小痛在體而長利在身；
拂耳，故小逆在心而久福在國。
——《韓非子．安危》

【譯文】

針刀紮骨，軀體承受小痛而有長遠的健康在身；忠言逆耳，內心承受小小的違逆而有永久的利益於家國。

【經典故事】

齊景公出訪晉國，跟晉平公一起喝酒。著名盲人宮廷樂師師曠先生也作陪。

齊景公知道師曠不僅在音樂方面很有造詣，而且也是一位很有思想的人，就向他請教如何治國：「太師，您這次要給寡人一些什麼教誨？」

師曠只說了一句：「你一定要對你的老百姓好一點，如此而已！」

喝酒喝到一半，酒興正濃的時候，齊景公又向師曠求教：「太師，還有什麼教誨？」

師曠還是那句話：「一定要對老百姓好一點。」

喝完酒，齊景公返回賓館，師曠送他，他又第三次向師曠請教。

師曠還是說：「沒別的，一定要對老百姓好一點。」

回到賓館，齊景公翻來覆去思考師曠那句話：「一定要對百姓好一點。」我對百姓怎麼不好？還有誰比我更關心百姓？哦，對了，我的兩個弟弟公子尾和公子夏，他們也很得民心，他們家裡很有錢，老百姓也喜歡他們，他們的財富跟我不相上下。要說有誰能對我的君位構成威脅，也只有這兩個人了。師曠反覆叫我對老百姓好一點，是不是暗示我要與兩個弟弟爭奪民眾的支持呢？

回到齊國後，齊景公採取了一系列措施討好老百姓：開倉濟貧，發放救濟糧，用府庫裡多餘的錢財來恩賜孤寡老弱，倉庫裡的糧食、錢物全部分給百姓，宮中用不著的宮女全部嫁出去，七十歲以上的老者享受官府津貼。這些措施，使老百姓普遍得到了實惠，而齊景公也得到了百姓的擁護。齊景公與兩個弟弟爭奪民眾取得了成功。過了兩年，兩個弟弟只好出國流亡，公子夏去了楚國，公子尾去了晉國。

還有一個故事：一次，齊景公與國相晏嬰在渤海邊上遊覽。兩人登上高臺，眺望國家的大好河山。齊景公遊興很濃，不禁感嘆道：「真美啊！泱泱大國，雄偉壯觀。不知後世誰是齊國的主人？」

晏嬰在一旁冷冷地回答道：「我看田成氏家族將來會成為齊國的主人。」

齊景公聽了很不高興：「齊國現在是寡人的，你怎麼說田成家族會得到齊國呢？」

晏嬰說：「田成一家很會籠絡人心，很討民眾歡喜。對士大夫們，田成氏為他們請求爵位，拔擢升級；對普通民眾，田成氏借出糧食用大斗量，收回糧食用小斗量。田成氏宰了一頭牛，自己只留下一小盤肉，其餘全部用來招待士人。一年生產的布帛，田成氏只留少量給自己，其餘全給士人做衣服。田成氏以其家族的巨額資產為後盾來調節市場，使得集市上的木材不比山裡貴，城裡的水產海鮮不比海邊價格高，民眾當然感謝他。國君您只知道加大稅收，增加財政收入；而田成氏卻對民眾大施恩惠。齊國曾遇到大飢荒，路旁餓死的人數也數不清。但是那些拖兒帶女逃到田成氏家裡去的，卻沒聽說餓死一個。老百姓都編了歌謠讚頌田成氏：『民心所向，眾望所歸，由此可見啊！』所以我說，將來齊國恐怕是田成氏的了！」

齊景公聽罷，不禁傷心地流出了眼淚。過了好一會兒才說：「這豈不很悲哀嗎！寡人名義上是一國之君，但實際上這個國家已被田成氏佔有了。你看我該怎麼辦呢？」

晏嬰說：「國君也不必過於憂慮。如果想把齊國奪回來，那就要親近賢人，遠離小人，整頓混亂局面，減輕刑罰，救濟貧苦百姓，安撫孤寡老弱，多給百姓一些恩惠，滿足百姓的基本需要。這樣，百姓就會依附於國君。即使有十個田成氏，又能拿您怎麼樣呢？」

韓非子不同意這個說法，他評論說：師曠、晏嬰的意見，都不可取。齊景公不懂得運用權勢，而師曠、晏嬰則不懂得如何除掉禍患！君主乘車打獵，憑藉車子的安穩，利用六匹馬的足力，讓好車夫駕車；這樣，君主在車上不費力氣就能輕鬆地追上野獸。假如君主丟開車子，不借助六匹馬的足力，不要好車夫駕車，自己邁開雙腳去追野獸；那麼，他即使是賽跑能手，也追不上野獸。而利用好車快馬，再笨的人也不難追上野獸。治理國家的道理也是一樣：國家就是君主的車子，權勢就是國君的馬。君主不利用掌握在自己手上的國家權勢，誅殺那些隨意收買人心討好民眾的大臣；卻要自己親自去對民眾施恩德，跟這些人一起討好民眾爭奪民心，這就好比有好車不乘，有快馬不用，丟開車子自己下地跑。所以說，齊景公是不會運用權勢的君主，而師曠、晏嬰是不懂如何除掉禍患的愚蠢之人！

【解析】

當一個人若是生了病，那就會有兩種狀況：一是不去理會病痛，也許久了就會失去痛的知覺；另一種是趕快去找醫生診斷，而可能在很短的時間內病就醫好了。但是如果不去理會，病一旦拖下去，即使是再小的病，可能也會釀成大病，最後可能是神醫也會束手無策。而如果是讓醫生來醫治的話，可能在醫治的過程中，會比單純生病的感覺還要痛苦，但挨過了這個階段，或可輕鬆一陣子。

人的言行也是一樣，如果我們的言行讓周遭的人感覺不舒服，可能有好心的人會提出來糾正我們，這就如同是就診的情況。也許我們在被糾正的當中，心中會十分的不舒服，甚至可能會因此與人翻臉，但是如果我們能先靜下心來，好好地想想，為什麼他要這樣糾正我，是不是我有了什麼樣的錯誤？仔細地想清楚後，或許就可以找到自己的毛病。

75 能法之士，強毅勁直

能法之士，必強毅而勁直，不勁直，不能矯奸。

——《韓非子．孤憤》

【譯文】

能夠實施法治的人，必有堅強的毅志，而且剛勁正直，不剛勁正直，就不能矯治奸邪。

【經典故事】

大兵法家吳起是衛國左氏這個地方的人。

吳起未出名時，有這麼個故事：

有一天吳起拿出一條絲帶，要求他的妻子照著原樣另織一條，一定要跟他拿來的這一條一模一樣。吳起的妻子便認真地織起來，結果織出的絲帶比原件好得多。

妻子以為一定會得到丈夫的誇獎。不料，吳起見了織好的絲帶卻勃然大怒：「我叫你照原樣織，為什麼織得比原樣更好？」

妻子覺得很納悶，辯解道：「我又沒有多費一點材料，織得更好一點有什麼錯？」

但吳起還是不肯原諒她，把她趕回了娘家。

妻子感到很委屈，找到自己的哥哥訴苦，想叫哥哥說服吳起讓她回去。

他哥哥卻說：「吳起是講法治的人，法這個東西就是說一不二。他講法治，將來是要到萬乘之國去立大功的。他先要拿自己的妻子進行嚴格執法的實踐。你不要想回去了。」

妻子見哥哥不肯幫忙，又去找自己的弟弟。

他弟弟可是衛國君主的大紅人，於是倚仗衛君的權勢來勸說吳起。可吳起對衛君也不買帳，就離開衛國，跑到楚國去了。

還有一個故事也說明這個道理。

有一天，晉國的國君文公問大臣狐偃說：「寡人把好吃的東西都賞給了滿朝文武，自己只留下一點點；剛釀好的酒、剛殺好的肉，哪怕只是殺一頭牛，都馬上與國都的臣民共用；一年生產的布匹全都給了士兵們做衣服。這樣，足以讓民眾心甘情願地為我去作戰了吧？」

狐偃說：「還不行！」

文公又說：「寡人減少了稅收，減輕了刑法。這樣，足以讓民眾為我去作戰了吧？」

狐偃說：「還不行！」

文公又說：「民眾家裡出了事情，寡人都派人去關心、處理；有罪的人，寡人赦免他；貧窮的人，寡人資助他。這樣，足以讓民眾為我去作戰了吧？」

狐偃回答：「還不行！所有這些，都只不過是讓民眾順順當當活下去的辦法；而帶領他們去作戰，卻是要叫他們死。本來民眾跟著您，是為了順順當當活下去，現在您卻要帶他們去死，他們當然不會輕易聽從於您了。」

文公問：「那麼，怎麼樣才足以帶領民眾去作戰呢？」

狐偃回答說：「要使他們不得不去作戰！」

文公問：「怎樣才能使他們不得不去作戰？」

狐偃說：「刑罰嚴明可信，就足以使他們去作戰！」

文公又問：「刑法如何才算是嚴明可信？」

狐偃說：「運用刑法，不迴避尊貴的人和親愛的人。」

第二天，晉文公就下令叫群臣到圃廬這個地方打獵，約定正午時分到達，遲到者按軍法論處。有一個名叫顛頡的大臣遲到了。顛頡是當年伴隨晉文公在外流浪、深得晉文公寵愛的人。軍吏請示晉文公如何處置。晉文公不禁熱淚奪眶而出，不忍下手。可是當軍吏再一次請示如何處置時，晉文公終於狠了狠心，下令按軍法將顛頡腰斬示眾，以表明法令的威嚴。

事後，老百姓紛紛議論說：「國君與顛頡交情那麼深，對他違律之舉仍然施以極刑，更何況對我們呢？」

文公見民眾認識到了法令的威嚴，可以帶領他們去作戰了，於是就率領軍隊出征諸侯，攻伐原、衛、虢、曹、鄭、宋等國，還與楚國戰於城濮，打了許多勝仗，建立了霸業。其所以能如此，

就是因為聽取了狐偃的計謀，借助於對顛頡的腰斬之刑。

【解析】

要徹底的施行法治，執法者就必須先將個人的情感問題撇開不談，否則一旦心愛的人犯了法，那執法者該如何是好？難道就放過了嗎？當然不行！一樣要秉公處理啊！否則就不能稱為「法治」了，這就成了一個畸形的怪物！明明應該要依法處理的事件，卻變成了避重就輕的審理，那不是畸形是什麼？

真正能執法的人，一定要做到鐵面無私的境界，律法才能真正的發揮效用。像吳起這類的人，是連情感都不顧的，實在是公正到了極致。看起來，還真覺著有些冷酷無情，然而，若不如此，又如何能擔任執法者的角色、如何能矯治奸邪？本身若不夠剛直，那就先該矯治自己吧。

76 見功而賞，因能受官

法者，見功而與賞，因能而受官。

——《韓非子．外儲說左上》

【譯文】

所謂法治，就是有功勞的給予賞賜，根據才能而授以官職。

【經典故事】

春秋時，越王問大夫文種說：「我打算討伐吳國，以我國的現狀看可以嗎？」文種說：「可以！但一定要運用嚴明的賞罰措施，賞要賞得誠信並且叫人嚮往，罰要罰得堅決並且叫人害怕。我想來做個實驗，是不是可以在宮室裡放一把火……」

於是，他們就放了一把火將宮室燒起來。開始，人們看見宮室起了火，卻沒有人去撲救。越王就下了一道命令：「凡是救火而死的，就像在戰場上犧牲一樣受到表彰；凡是救火沒有死的，就像在戰場上打勝仗一樣接受獎賞；不肯救火的，就像在戰場上臨陣脫逃一樣受到嚴厲處罰！」

命令一下達，人們馬上紛紛在身上塗上防火材料或在衣服上潑上水向大火衝去，左邊上去三千人，右邊也上去三千人。

透過這件事，越王知道怎麼樣才能保證討伐吳國取得必然的勝利。

李悝在魏文侯的時候曾在邊境做地方官，他想讓當地的民眾都練習射箭，提高防禦能力，就下了一道法令：「以後凡是打官司遇到雙方扯不清、不好判斷的情況，就叫有爭執的雙方去比射箭。射中的就算勝訴，射不中的就算敗訴。」

法令一下達，人們紛紛都去練射箭，練得廢寢忘食，夜以繼日，射箭的本領普遍提高。等到與秦國交戰時，一下子就把敵人打得落花流水，因為大家都成了射箭能手啦！

宋國東門一帶有一戶居民，家裡死了老人，做兒子的在守孝期間，為了表示自己很悲傷，就拚命地哭，而且不肯吃不肯喝，直到把自己折騰得面黃肌瘦，皮包骨頭，不像人樣。

國君知道了，就嘉獎他為優秀孝子，並且舉拔他做官。

從此以後，宋國凡是家裡死了人的，都紛紛來效仿，拚命哭啊，不吃不喝啊，每年都有十幾個孝子就這樣把自己折騰死了。

由此可見，獎賞是很重要的事。兒子為父母服喪，本來應該是自發的，居然也要動用獎賞來激勵。君主要想叫臣民們為自己賣命，不用獎賞怎麼行呢？

有的時候，獎賞激勵並不需要什麼成本，只要表達一點意思也就行了。

越國自從征吳失敗後，越王就處心積慮想再討伐吳國，報仇雪恨，希望手下的將士們在戰場上能夠出生入死，奮不顧身。

有一天，越王乘車外出，看見一隻大青蛙，瞪著大眼睛，鼓著一肚子氣，伏在路旁，見了人和車馬也不躲避，好像在向人示威。越王從車上站起身來，向這隻青蛙莊重地行了個禮。

車夫感到很奇怪，問道：「大王為何向青蛙敬禮啊？」

越王說：「這青蛙有一股氣，勇氣可嘉，令人肅然起敬啊！」

這件事傳開後，將士們都說：「青蛙有勇氣，大王還向牠敬禮，更何況戰士們有勇氣呢！」於是這些將士們勇氣倍增，甚至有人願意割頸斷頭以示勇武不怕死。

越王為了向吳國報仇，調教手下的勇士，焚燒高臺，一擊鼓，士兵就往火裡衝，因為衝進火裡就有賞；又在江邊練兵，一擊鼓，士兵就往水裡衝，因為衝進水裡就有賞。

到了打仗的時候，一擊鼓，士兵就奮不顧身勇往直前，斷頭剖腹也義無反顧，因為英勇作戰就有賞。平時如果能制定法規獎賞有才有德的人，那樣的激勵效果就更大啦！

有一次，韓昭侯讓人把一條穿舊了的褲子收藏起來。

他手下的人議論說：「看來我們的君主一點也不仁厚！一條穿舊了的褲子都捨不得送給別人，還要把它藏起來，真小氣！」

韓昭侯知道了，解釋說：「其實事情並不是你們所想的這樣啊！我聽說，英明的君主對自己的喜怒哀樂、一顰一笑是十分吝惜的，從不輕易地讓人覺察。而且，每一笑總有笑的目的，每一顰也總有顰的目的，不能隨便亂笑亂顰的。更何況這是一條褲子，哪裡僅僅是一顰一笑那樣的小事？贈給一條褲子與一顰一笑，相差實在是很大的。我一定要等待一個有功的、值得我贈與的人，才能把褲子送給他。現在，這個人我還沒有找到，所以，這條褲子我只能先收藏起來。」

【解析】

韓非子認為：巨額獎賞，表彰讚揚，這兩者是使人既得到實惠又得到臉面的大好事，令人眼紅心跳，人人都想得到。所以，君主可以用它來調動人們的積極性，叫他們為君主拚死賣命。

人都貪利，只要有利可圖，原來可惡的東西也會變得可愛。黃鱔的樣子像蛇，蠶的樣子像毛毛蟲。人們看到蛇非常害怕，看到毛毛蟲渾身就起雞皮疙瘩。但是，你看農婦們用手揀蠶時神情自若，漁夫們捉黃鱔時絲毫也不害怕。這是為什麼呢？這是因為養蠶、捉黃鱔有利可圖啊。有利可圖，人們就忘掉了這些東西的可怕可惡之處，面對這些東西，人人就都變成了像勇士，各個勇往直前了。

若要懂得獎賞之道，先要選好值得獎賞的人。

一套標準的選才制度要建立起來，對於領導者而言，不是一件很容易的事情。因為人都有習慣，親近自己喜歡的人，若是對於某人不太熟悉的話，怎會輕易的接近他呢？這對一個領導者而言，也是相同的道理。領導者有選擇屬下的權力，他就會很容易的想選擇一些比較熟悉的人作為自己的人馬。然而自己所熟悉的人是否能夠勝任這些職務，卻是個很嚴重的問題。

建立起一套標準的制度，對於一個國家、社會，甚至個人而言，都是很重要的，唯有標準的制度才能公平地對待每個人。

77 物多智寡，以物治物

夫物眾而智寡，寡不勝眾，智不足以遍知物，故則因物以治物。

——《韓非子．難三》

【譯文】

事物眾多而智慧太少，太少的智慧不能勝任眾多的事物，智慧不足以普遍瞭解事物，因此應當依靠事物去治理事物。

【經典故事】

一天早晨，鄭國的國相子產乘車出門，經過一條巷子，聽見有一戶人家傳出婦人的哭聲。他就按住車夫的手，讓他把車停下，仔細地聽了會兒。回到衙門不久，子產便派人去把那個婦人抓來拷問，果然問出一樁人命案：那個婦人就是兇手，她親手把自己的丈夫給勒死了。

後來有一天，子產的車夫便問子產：「您是怎麼知道那個婦人是兇手的呢？」

子產說：「因為她的哭聲裡充滿了恐懼。一般來說，人們對於自己親愛的人，開始生病時感到憂慮，將要死亡時感到恐懼，已經死亡則感到哀傷。而那天那個婦人哭她已經死去的丈夫，哭聲裡聽不到哀傷卻充滿了恐懼，所以，我懷疑其中一定有姦情。」

韓非子對這件事評論說：像子產這樣治理國家，實在是多管閒事。姦情如果都一定要靠執政者親耳聽、親眼看才能被察覺，那鄭國能察覺姦情的人也太少了，案件破獲的機率也太低了。宋國人說得好：「要說每一隻飛過羿眼前的雀子，羿都能把它射下，那是騙人的話；如果以整個天下為網羅，則沒有一隻雀子能逃脫。」察覺姦情也需要依靠大網羅，才能確保萬無一失。不從道理上、法度上來治理，只憑自己心中那麼一點點小聰明小算計，這是子產所犯的錯誤。還是老子說得好：「用個人智慧來治國，是國家的禍害。」這正是指的子產這種人。

【解析】

韓非子不讚賞事必躬親的行為，他認為：不依靠檢察和司法官吏，不多方取證、以事實來說話，不明確法律程式，全靠自己一點小聰明、小智謀察覺姦情破案子，豈不是太沒有辦法了嗎？天下每天發生的案件成千上萬，那一點小聰明能管什麼用？寡不敵眾啊！個人的智慧絕不可能全面瞭解所有的事情，所以必須利用事情來管理事情；民眾人數多而最高領導就那麼幾個，也是寡不敵眾。

以此引申到君主統馭臣民的問題，韓非子認為，君主不可能一一瞭解臣民，所以必須利用臣民來瞭解臣民。把這種利用事情來管理事情，利用臣民來瞭解臣民的管理體制構建好了，君主不需要親自勞累，就能管理好事情；不需要費腦筋，就可以發現姦情。

78 小知不謀，小忠不主

小知不可使謀事，小忠不可使主法。

——《韓非子．飾邪》

【譯文】

只有點小聰明的人，不可以讓他去謀劃大事；只有對私人盡忠的人，不可以讓他主管法令。

【經典故事】

春秋時候，楚國與晉國在鄢陵一帶打仗，楚軍吃了敗仗，楚共王的眼睛都受了傷。激烈交戰的間隙，楚國大將司馬子反感到口渴，就叫自己的僕從谷陽拿點水來喝。谷陽這個僕人知道自己的主人嗜酒如命，就端了一杯酒給司馬子反。司馬子反見了，知道谷陽是對自己好，而且自己也的確有點嘴饞，可是打仗時怎麼能喝酒呢？

於是他笑著對谷陽說：「你這傢伙！端下去吧！這哪是水啊？這是酒！」

可是谷陽卻依然端著酒說：「不是酒不是酒，喝吧喝吧！」

於是司馬子反就半推半就地接過酒杯喝了起來。然而司馬子反這個人，只要見了酒就要喝，一旦喝起來就不能停，直到喝醉為止。果然很快他就喝醉了。

過了一會兒，楚共王決定再戰一個回合，派人傳令司馬子反披掛上陣，爛醉如泥的司馬子反不能起身，只好推辭說自己舊病發作了。楚共王大驚，不顧自己受了眼傷，親自到司馬子反的帳篷裡去探視。

可是一進帳篷，就被一股濃烈的酒臭熏得退了出來。這下可把楚共王氣得要死，他大罵道：「今天打仗，連我自己都受了傷。下面就靠你司馬了，可是你司馬居然醉成這樣！你眼中還有沒有楚國的社稷江山？還有沒有廣大的士兵？這仗也沒法繼續打了，回家吧！」於是楚軍撤了回去。

一回去，楚共王就把司馬子反給斬了。

谷陽端酒給司馬子反喝，本來不是要害他，而是出於對他的忠心和愛護。可恰恰就是這種個人之間的小忠小愛，最後把司馬子反害死了。所以說，個人之間的小忠，是大忠的禍害。

【解析】

像這樣的事情也不是因為不夠機靈，而是一時被眼前的事給迷惑住，反而因小失大。做其他事情也一樣，眼光應該要看遠一點，不能只看近前的事物。若只專注在眼前的事物，那能見的僅是一個小空間而已，後面的大空間都不會見到。凡是格局放大一點，所做的事也會跟著放大的。

愚昧騙人的學說，雜亂反常的行為，英明的領導者是不會接受的。

同樣的，每個人也都是自己的領導者，也都要讓自己不斷地進步，所以每個人也都要保持自己是在理性的狀態下，對於一些聽來愚蠢荒唐的言論就不應該去相信，看到一些違法違紀的行為就不要去效法！

79 令行禁止，執法如山

罰不避親貴，則威行於鄰敵。

——《管子．立政》

【譯文】

如果執行法令不迴避皇親國戚、達官貴人，那麼不用打仗就能夠威震敵國。

【經典故事】

穰苴是春秋時期著名的軍事家。

齊景公的時候，晉國進攻齊國的阿邑和甄邑，同時燕國侵略齊國黃河南岸的地方。齊國的軍隊吃了敗仗，齊景公為此十分擔憂。這個時候，齊國宰相晏嬰就把穰苴推薦給了齊景公。晏嬰說：「穰苴雖然出身低賤，但是他這個人能文能武，很有才能，他是不會讓您失望的。」

齊景公就把穰苴叫了來，和他談論軍事，非常滿意。於是任命他為司馬，讓他領兵抵抗燕國和晉國的軍隊。

司馬穰苴心裡想：自己出身低賤，一下子當了司馬，將士們未必服氣，萬一打起仗來大家不聽指揮，誤了國家大事怎麼辦？於是他就對齊景公說：「蒙大王您提拔，讓我做了大將，統帥全國軍隊，我十分感激。不過，希望您派一個您最信任而地位又尊貴的大臣來做監軍。」

齊景公答應了他，派自己最寵信的大夫莊賈前去擔任監軍。

司馬穰苴和莊賈見了面，商量了一下出師的事。分手的時候他和莊賈約定：「明天正午在營門集合。」

第二天，司馬穰苴早早就趕到軍營裡，樹立了觀測時間的木表和刻漏，等候著莊賈。莊賈是齊景公的寵臣，地位顯赫，平時驕橫慣了，根本不把司馬穰苴放在眼裡。親戚朋友們給他餞行，他便毫不在乎地留下來暢飲，完全忘了司馬穰苴和他的約定。司馬穰苴在軍營中一直等到中午也不見莊賈到來，就自己檢閱軍隊，宣佈組織紀律和各種注意事項。等到這一切都做完了，莊賈才遲遲來到，這時天已經很晚了。

司馬穰苴問莊賈：「您怎麼現在才到？」

莊賈說：「親戚朋友們給我送行，我不好推辭，多喝了幾杯酒，所以來晚了。」

司馬穰苴說：「作為一個將領，當他接到命令的那一天，就應該忘掉自己的家庭；當他在戰場上和敵人對陣的時候，就應該忘掉自己的身體。如今敵人侵略，已深入我國，國內騷動不安，士兵們在邊界上風餐露宿，艱苦守衛；大王日夜憂愁，吃不好飯，睡不好覺。老百姓的性命都懸在你我的手裡，怎麼還能去喝餞行酒呢？」

莊賈見司馬穰苴這麼嚴肅地訓斥自己，很不高興，正想發作，只聽司馬穰苴道：「軍法官在哪裡？」軍法官趕快跑了過來。

司馬穰苴就問道：「按照軍法，約定時間卻遲到的，該當何罪？」

軍法官回答說：「應該斬首。」

莊賈一聽，知道大事不好，就趕快派人騎上快馬去找齊景公求救。送信的人去了還沒有來得及回來，司馬穰苴已經把莊賈斬首示眾了。

全軍的士兵們見司馬穰苴連莊賈這樣深得國君寵信的老資格大臣都敢殺，十分震驚害怕。

隔了好一會兒，齊景公派的使者拿了符節，騎著馬一直飛馳到軍隊裡，來向司馬穰苴傳達赦免莊賈的命令。

司馬穰苴說：「將領在軍隊裡，對於君主的命令，可以有所不接受。」又問軍法官：「軍隊裡是不許騎快馬奔跑的，如今使者快馬奔跑，該當何罪？」

軍法官說：「該斬首。」使者一聽十分害怕。

司馬穰苴說：「國君的使者不能夠處以死刑。」於是赦免了使者。但是為了嚴明軍法，就殺了使者的僕人，砍斷了車子左邊的車桿，宰了左邊駕車的馬。隨後，司馬穰苴把這件事通報全軍，讓使者回去向齊景公報告，自己帶領軍隊出征迎敵。

在部隊行軍的時候，所有紮營、掘井、安灶、伙食的事情，司馬穰苴都要親自檢查，對於生病的士兵，他都要親自慰問，並且把自己的東西拿出來和士兵們共同分享。全軍將士看到司馬穰苴執法如山，不畏權貴，又這樣愛護士卒，和大家同甘共苦，都深深地受到感動。軍隊到前線的時候，連生病的都要求參加，士兵們士氣高昂，爭先恐後地要投入戰鬥。

晉國軍隊聽到這個消息，不等交戰，就趕忙退了回去；燕國軍隊聽見這個消息，就從黃河南岸撤到了北岸。齊國軍隊順利收復了被晉國和燕國佔領的土地，然後收兵而回。齊景公和文武百官親自到郊外迎接，慰問全體將士，並且加封司馬穰苴做了大司馬。

司馬穰苴「罰不避親貴」，敢於處死國君的寵臣，對國君的使者也不客氣，這樣使得全軍上下人人震恐，紀律嚴明，鬥志高昂，不用打仗就使晉國和燕國的軍隊主動退後，收復了失地。

【解析】

執法很重要的一個方面就是執法要一視同仁，如果軍隊統帥在掌握軍法的時候標準不一，迴避皇親國戚、達官貴人，就不能讓他繼續統帥軍隊。因為他的作法會讓士兵失去信任，導致軍心渙散，一旦遇上強敵，部隊就會吃敗仗，給國家帶來危險。

相反，軍隊統帥在執行軍法時一視同仁，不迴避皇親國戚、達官貴人，才會獲得將士們的擁戴，士氣才會旺盛，軍隊才有頑強的戰鬥力，這樣和敵國打仗才會取勝，甚至不用打仗就能夠嚇退敵人。

80 各處其宜，上下無為

夫物者有所宜，材者有所施，各處其宜，故上下無為。

——《韓非子．揚權》

【譯文】

萬物各有適合的用處，才能有施展的地方，各處在自己的位置上，領導者就可以無為了。

【經典故事】

齊桓公準備立管仲為相，想瞭解一下大臣們的意見，就對群臣下令道：「寡人將立管仲為相，並尊為『仲父』。現在想徵求你們的意見，同意的進門後站在左邊，不同意的進門後站在右邊。」可是東郭牙進了門，卻既不往左，也不往右，而站在大廳中間。齊桓公問道：「我說了：同意的往左，不同意的往右。你站在當中，算是怎麼回事？」

東郭牙說：「憑管仲的智慧，是不是能謀劃天下大事？」

「當然！」齊桓公回答道。

東郭牙又說：「憑他的果敢決斷，他是不是敢於做出驚人的事情？」

齊桓公說：「他有這個膽量！」

東郭牙說：「既然他的智慧足以謀劃天下大事，他的膽量又足以做一番大事，君王把國家大權完全交給他一個人，那麼憑著他的能力，借助君王的權勢來統治齊國，君王您的地位豈不就很危險了嗎？」

齊桓公覺得東郭牙說的很有道理，後來就讓隰朋治理內務，讓管仲治理外事，兩人互相制約、互相監督。

晉文公當年在外流亡的時候，箕鄭提著水和食物跟隨在後面。有一次迷了路，兩人在路上走失了。箕鄭當時年齡還小，餓得直哭，可就是不敢吃提在自己手上的水和食物。

晉文公回國登上君位後，攻克了原城，原城需要委派一名新的地方官，派誰呢？晉文公就想到了箕鄭。他認為：「箕鄭當年能忍飢挨餓，為我守著提在自己手上的水和食物，這種人擔任原城的地方官我放心，他絕不會背叛我！」於是舉拔箕鄭為原城的行政首長。

大夫渾軒得知此事，卻大不以為然，他認為：「就憑守著一壺水一兜飯的小忠誠，就指望他永遠不會背叛，豈不是太沒有辦法了！」

所以，英明的君主，不依靠別人不背叛我，而依靠我的不可背叛；不依靠別人不欺騙我，而依靠我的不可被欺騙。

【解析】

每樣事物都有它獨特的特性，而它的獨特也就是展現其用處的地方。像某些植物的葉子是針狀，其用處就是防止水分由葉子快速蒸發，所以這些植物可以非常耐旱或耐寒。如果將榕樹或椰子樹移植到寒冷又少雨區，那鐵定不出幾日，這兩種植物就會死亡。因為環境與特性搭配不起來的緣故。人也是如此，每個人都有適合他的環境才能展現其特長。

一個人如果用對地方，那成效是以數倍計算的。同時，在上位者也就可以「無為」！韓信與劉邦的例子正是最佳詮釋。

「無為」並不是啥事都不做、不管，而是說：該做的去做，不該做的就不必做。領導者該做的是什麼？當然是好好地監督屬下所做的進度。試想：如果身為領導人，又像劉邦會識人用人的話，那是不是上上下下都會很輕鬆，事情也會加速進展？所以，瞭解每個人的特性，好好地利用這種特性，不但人人會勝任愉快，連領導者也會愉快起來！

關於辨別臣子的忠信，韓非子說：英明的君主，不依靠別人不背叛我，而依靠我的不可背叛；不依靠別人不欺騙我，而依靠我的不可被欺騙。

的確如此，君主應當依靠掌握在自己手中的權勢和法術，使群臣不得不為自己賣力，而不能指望群臣有很高的道德水準，依賴群臣道德上的誠信可靠。大臣聰明狡猾有能力多計謀並不可怕，關鍵看君主有沒有辦法控制他，使他不敢背叛，無法耍奸。

81 愚誣之學，明主不受

愚誣之學，雜反之行，明主弗受也。

——《韓非子・顯學》

【譯文】

愚昧騙人的學說，雜亂反常的行為，英明的領導者是不會接受的。

【經典故事】

在春秋列國紛爭的年代，不像三皇五帝時期，靠仁義道德感化百姓。只有武力征服才能稱雄。為爭君位，兄弟相殘、臣子弑君已是屢見不鮮。奢談「仁義」二字已是迂腐之極。「春秋五霸」之一的齊桓公死後，宋襄公想稱霸諸侯。但宋襄公卻指望靠「仁義」二字稱霸諸侯。

原來齊桓公在世時，五個公子都想爭做國君。齊桓公偏愛公子昭，就把他托孤給宋襄公，叫宋國日後幫助立公子昭為齊君。齊桓公死後，公子無詭自立為國君，公子昭跑到宋國，要求宋襄公幫助。宋襄公果然帶了幾個小國的軍隊，打進齊國，立公子昭，即齊孝公，齊國也暫時聽從了宋國的號令。

宋襄公打敗了齊國，自以為國力強盛，足以代替齊桓公的霸業。宋襄公想：如果另一個強國——楚國也同意參加由他領導的盟會，自己的威望就會提高了。於是就派使臣去見楚成王，和楚國約好，宋、齊、楚三國於第二年春天在鹿上結盟。

宋國的公子目夷認為不妥，他對宋襄公說：「宋國是小國，要爭做盟會的主人，是會惹禍的。」

宋襄公利慾薰心，如何肯聽。鹿上之會時，宋國當了主人，決定用三國名義召集諸侯開會。當年秋天，宋、楚、鄭、陳、蔡、曹、許等國諸侯集會於宋國的盂地。宋襄公自認為要遵守信義，不做軍事準備。目夷嘆息說：「宋國的禍事到了，國君的慾望太高了！如果楚國不守信義，我們宋國怎麼對付得了呀！」果然不出所料，楚國參加盟會的目的是想乘勢發展勢力，控制中原諸侯，絕不會受制於宋國。正當宋襄公在盟會上想當盟主的時候，楚王手下的軍隊突然一下子湧出來，各國諸侯嚇得魂不附體。楚軍像老鷹抓小雞一樣把宋襄公抓走了。公子目夷趁著混亂逃回了宋國。後來，楚成王覺得扣留宋襄公沒有用處，反倒壞了自己的名聲，便把宋襄公放回去了。

宋襄公回國後，重新當了國君。他決心要報這個仇，一定要讓自己的仁義、信用得勝，不能讓楚國憑武力來稱王稱霸。第二年夏天，宋襄公帶軍隊去攻打和楚國比較接近的鄭國，有的大臣認為會引起楚國的干涉，宋襄公卻一本正經地說：「打仗得勝不全靠武力，有時也要靠仁義、信用呀！」宋軍打進鄭國，楚成王來了個「圍宋救鄭」，直接派軍隊包圍了宋國，宋襄公急忙從鄭國撤軍。

當宋軍趕回來時，楚軍已到了泓水的對岸。宋襄公想出戰，大司馬公孫固想趁還未發生戰爭時就和楚國講和，就對宋襄公說：「臣以為，宋國是商朝的後裔，商朝確是講仁義的王朝，但滅亡已幾百年，不可能再重興了。楚國兵強馬壯，宋國不是它的敵手。宋人害怕楚軍就像害怕蛇和蠍子一樣，君王你靠什麼取勝？」

宋襄公說：「楚軍兵甲有餘，仁義不足，我軍是軍甲不足而仁義有餘。過去武王率領三千精兵而勝了紂王的億萬之眾，原因在於『仁義』二字。現在你卻讓我這有道之君和楚國的無道之君講和，寡人生不如死！」

說完，命令下屬在戰車上樹一面大旗，上寫「仁義」二字。公孫固只有心中暗暗叫苦，私下裡對隨從說：「打仗就是殺人的，哪講什麼仁義？我們君主中了邪了，我們必須謹慎防備，千萬別讓國家亡在他手裡。」

楚軍加強了作戰的準備。到了十月間，楚軍向泓水對岸的宋軍發動進攻。公孫固看到楚軍準備渡河，連忙報告宋襄公說：「楚軍人數這麼多，我們人數太少。現在趁他們渡河的機會，我們集中力量攻擊他們，使他們統統變成落水狗，我們再乘勝追擊，不是就打勝仗了嗎？」

宋襄公指著大旗說：「你沒看見『仁義』二字嗎？我們的軍隊是仁義之師，豈有別人渡了一半河就攻打的道理？」

結果，宋軍眼睜睜地看著楚軍安全過了河。

這時，公孫固又勸宋襄公說：「楚軍剛剛過河，隊伍還沒有整理好，快抓緊時機打它個措手不及！」宋襄公板起臉孔說：「這是仁義之師應該做的嗎？你貪圖一時之利，不顧先王宣導的仁義了嗎？寡人堂堂軍隊，豈有別人未成列就攻打的道理？等他們排好隊伍，我們再打！」

等到楚軍整好隊伍，宋軍才開始進攻。結果楚軍排山倒海般地反攻過來，宋軍大敗。公孫固等保護著宋襄公左衝右突，邊戰邊退。宋襄公的大腿被楚軍射了一箭，他只得忍著傷痛，逃出了重圍。回到國內，宋襄公又氣又恨，很多大臣也埋怨宋襄公。

宋襄公躺著，口中還在喃喃地說著：「我們做君子的要講信義道德，不能在敵人有危險的時候去襲擊他們，不能捕捉頭髮花白的老兵做俘虜，不能在敵人沒有整理好隊伍就鳴鼓作戰。」

公子目夷說：「打仗嘛，目的就是為了打勝敵人，如果在打仗時講仁義信用，怎麼能打勝敵人呢？如果照您所說的去做，就只能受敵人的奴役了，還用什麼打仗呢？」

宋襄公認為楚國在打仗時太不講道理，愈想愈氣，加上受了箭傷，第二年夏天就死了。宋襄公的霸業就此草草收場。

【解析】

一個國家的領導者，他的責任是必須要讓一國之民都能擁有最舒適的生活品質，讓這個國家更為進步與發達，所以他必須去創造一個優質的空間。那優質又代表著什麼呢？就是要讓人民的食、衣、住、行、育、樂等各方面都臻至一個水準。

而這些項目中，最重要的又是什麼？是教育。一個年幼無知的嬰孩，在家中受父母教育外，還要送到學校接受知識、文化的教導，從幼稚園、小學、中學、大學甚至是研究所，不斷地接受專業的教導。

一個國家的整體素質的好壞，全都靠教育的體系與內容是否完善。好的教育系統所教育出的國民，必定有著守禮、守法、有見識等特質，這樣的國民構成社會的中堅分子後，哪還會擔心這社會上會充斥著愚昧騙人的學說，會有雜亂反常的行為呢？

82 刑過失民，以德服人

故用賞過者失民，用刑過者則民不畏。

——《韓非子．飾邪》

【譯文】

獎賞過度的話，就會失去民眾，刑罰過度的話，人民就不會害怕。

【經典故事】

武則天是唐朝并州文水縣人。其父是李唐王朝的開國功臣，其母也受過良好教育。武則天從小就受到了文武兩方面的培養，十四歲時做了太宗李世民的「才人」。高宗李治即位後，武則天地位不斷上升，終於做了皇后，並成了李唐王朝實際掌權人。高宗病逝，武則天又迅速登上皇帝寶座，成為中國歷史上名副其實的第一位，也是唯一的一位女皇。

上官婉兒，是唐五言詩「上官體」的鼻祖上官儀的孫女。上官儀是唐初重臣，曾一度官任宰相。高宗李治懦弱，後期又不滿武則天獨斷專行，便秘令上官儀代他起草廢後詔書。後被武則天發覺，便以「大逆之罪」使上官儀慘死獄中，同時抄家滅籍。上官婉兒及其生母充為官婢，被發配東京洛陽宮廷為奴。婉兒十四歲那年，太子李賢與大臣裴炎、駱賓王等策劃倒武政變，婉兒為了報仇也積極參與。但事情敗露，太子被廢，裴炎被斬，駱賓王死裡逃生。上官婉兒明知自己也將被處死，但結果卻完全相反：竟被武則天破例收為機要秘書。

原因何在？主要是上官婉兒有才，而武則天又尤為愛才。上官婉兒曾做了一首《彩書怨》的詩，被武則天無意中發現。武則天不相信這麼好的詩竟會出自一位女孩之手，便以室內剪綵花為題，讓她即興做出一首五律來，同時要用《彩書怨》同樣的韻。

婉兒略加凝思，就很快寫出：「密葉因裁吐，新花逐剪舒。攀條雖不謬，摘蕊記知虛。春至由來發，秋還未肯疏。借問桃將李，相亂欲何如？」

武則天看後，連聲稱好，並誇她是一位才女。但對「借問桃將李，相亂欲何如」裝作不解，問婉兒是什麼意思。

婉兒答道：「是說假的花，想以假亂真。」

「你是不是在有意含沙射影？」武則天突然問道。

婉兒十分鎮靜地回答：「陛下，我聽說詩是沒有一定的解釋的，要看解釋的人的心境如何。陛下如果說我在含沙射影，奴婢也不敢狡辯。」

「答得好！」武則天不但沒生氣，還微笑著說，「我喜歡你這個倔強的性格。」接著她又問婉兒：「我殺了你祖父，也殺了你父親，你對我應有不共戴天之仇吧？」

婉兒依舊平靜地說：「如果陛下以為是，奴婢也不敢說不是。」

武則天又誇她答得好，還表示正期待著這樣的回答。接著，武則天讚揚了她祖父上官儀的文才，指出了上官儀起草廢後詔書的罪惡，期望婉兒能夠理解她、效忠她！

然而，婉兒不但沒有效忠武則天，卻出於為家人報仇的目的，參與了政變，而今成了罪人。這對高宗來說，應是充滿同情和設法庇護的。但他懼怕武則天。只能藉口有病，而讓武則天決定。有人提出按律應處以絞刑；若念其年幼，也可施以流刑，即發配嶺南充軍。而武則天則認為：據其罪行，應判絞刑，但念她才十幾歲，若再受些教育，是可以變好的。所以，不宜處死。而發配嶺南，山高路遠，又環境惡劣，對一個少女來說，也等於要了她的命。所以，也太重些。尤其是她很有天資，若用心培養，一定會成為非常出色的人才。鑑於此，武則天決定對婉兒處以黥刑，即在她的額上刺一朵梅花，把朱砂滲進去。並把婉兒留在自己身邊，用自己的力量來感化她。還表示：如果連一個十幾歲的女孩子都不能感化，又怎麼能夠「以道德化天下」呢？

結果，武則天確實把婉兒感化了。該殺而不殺，反而留在自己身邊，這已使婉兒感激涕零。此後，武則天又一直對婉兒悉心指導，從多方面去感化她、培養她、重用她。婉兒從武則天的言行舉止中，瞭解了她的治國天才、博大胸懷和用人藝術，對她徹底消除了積怨和誤解，代之以敬服、尊重和愛戴，並以其聰明才智，替她分憂解難，為她盡心盡力，成了她最得力的心腹人物。甚至婉兒的生母也曾對人私下議論：婉兒的心完全被武后迷住了！

【解析】

對於賞與罰的尺度，在一個法治完善的國家中，應該是要做到「恰到好處」的地步。我們常說「過與不及，都是不好的」，這句話的意思就是做事要做到剛剛好就好，超過或不足都是不好。有一個杯子，將水注入其中，當約七八分滿時，是剛剛好。若是水滿到了杯口，那舉杯時很容易就會將水溢出杯外；若是水只注到五六分滿，那又太少了！

律法的條文也如同那杯水一樣，剛剛好就好。獎勵制度若是太寬鬆了，以至於人人都很容易獲得獎勵的話，那誰也不會當它是一回事，就好像是個餐廳裡無限供應的紙巾一樣，誰會去小心愛惜地使用它？獎勵太浮濫了，就會不知珍惜，大家會認為是理所當然，一旦政府拿不出獎品了，還有人會支持嗎？

成語裡有「殺雞儆猴」的故事，刑法就是點到為止，主要的目的是讓人害怕而不敢再犯，並非是要不論輕重一律斬盡殺絕。如果真要斬盡殺絕，那樣就連老婦人也有可能變成窮兇極惡之徒！法治的社會就是以平和、安穩為主要的目的，最忌的就是過與不及。

83 兼聽則明，偏聽則暗

別而聽之則愚，合而聽之則聖。

——《管子・君臣上》

【譯文】

作為君主，如果只片面地聽取個別人的意見，就會使自己愚蠢；只有廣泛地聽取眾人的意見，才會使自己變得聖明。

【經典故事】

春秋時期，晉獻公非常昏庸。他年紀很老了，又娶了一個年輕的夫人——驪姬。驪姬十分漂亮，又善解人意，因此晉獻公對她特別寵愛，百依百順。晉獻公愈來愈老了，驪姬開始為自己以後的生活考慮。她覺得只有讓自己的兒子奚齊為太子，將來繼承君位，自己才能繼續享受榮華富貴。但是晉獻公還有三個兒子：申生、重耳和夷吾，而且申生早已被立為太子，這是驪姬最大的障礙。為了實現自己的野心，驪姬就想方設法除掉申生、重耳和夷吾。

驪姬決定先將申生以及重耳和夷吾排擠出都城。她就對晉獻公說：「曲沃這個地方，是大王您的宗廟所在地；蒲城和屈地，是邊防要地。祖廟地沒人主管，百姓就會無所畏懼；邊防要塞無人鎮守，那就容易引起外敵的野心。假若派太子申生去鎮守曲沃，派公子重耳和夷吾去鎮守蒲城和屈地，那樣不僅可以讓人民敬畏，讓外敵驚懼，而且還能夠表彰大王您的功勳。」

晉獻公聽了之後很高興，就修築了曲沃，讓太子申生去居住；又修築好蒲城和屈地，讓重耳和夷吾去住。而驪姬所生的奚齊則留在都城絳。

驪姬把太子趕到遠處之後，就開始捏造謠言中傷太子。有一次，驪姬半夜裡哭著對晉獻公說：「我聽別人說，申生在曲沃喜歡講仁慈，待人寬厚，用小恩小惠來籠絡民心。他的這些行為都是有所打算的。他現在四處說大王您受了我的迷惑，會使國家大亂，他這不是正想準備要反叛您嗎？大王您還是把我這個賤女人殺掉吧，那樣可以讓申生沒有藉口造反，保住大王您的安全。」

晉獻公說：「他哪能只愛百姓而不愛自己的親人呢？」

驪姬又說：「人心難測啊！假如申生討好老百姓，他造反後用一些善舉掩蓋自己的醜行，那可怎麼辦呢？」

晉獻公聽了後，開始對申生有所懷疑。

驪姬又說：「狄族人經常侵犯我們的邊境，讓百姓不能安穩地生活，我們國家本來就不大，我擔心這樣下去疆土還會縮小。我現在有個一舉兩得的好主意：大王您派申生去討伐狄族人。如果他不能取勝，您就可以定他的罪；如果他戰勝了，他的慾望必定愈來愈多，那就應該進一步想辦法對付他。再說戰勝了狄族人，諸侯會害怕我們，我們的邊境就不會再有亂子，那時糧倉豐滿，四鄰歸服，邊境安定。您得到了這麼多好處，又弄清了申生的為人，這是多麼好的事情啊！您趕快拿主意吧！」

晉獻公聽了很高興，就派申生去討伐狄族人。

大臣狐突去勸阻申生說：「您最好不要去打仗。我聽說國君聽信寵臣，卿大夫們就危險了；寵倖姬妾，嫡子的地位就不牢了。您現在應該想一個既能順從父親，又能遠離殺身之禍，既能照顧軍隊，又能利於國家的辦法，而不應該到戰場上去冒險啊！」

申生說：「父王派我出征，並非喜歡我，不過是想探測一下我的內心。現在我如果不去打仗，我的罪名會更大，倒不如戰死沙場，還會留下一個好名聲。」

申生於是進兵，打敗了狄部落，班師回國。

這以後，驪姬不斷地製造謠言，說申生積極發展勢力，要圖謀不軌。晉獻公聽信了驪姬的讒言，就想藉機除掉申生。

後來，驪姬派人命令申生說：「今天早上國君夢見你母親齊姜，你必須趕快祭祀她，並把祭祀用的酒肉帶回來給你父親吃。」

申生答應了，就在曲沃的宗廟裡舉行祭禮，然後把酒肉帶回國都。

獻公正好出去打獵了，驪姬把酒肉接下來，暗中在裡面放了毒藥。晉獻公回來以後，叫申生獻上酒肉。獻公用酒祭地，地面上頓時隆起來一個大包。申生發覺有人搗鬼，就趕快逃了出來。驪姬給狗吃肉，狗倒下死了；給小宦官喝酒，小宦官也倒下死了。晉獻公大怒，立即把申生的老師殺掉，並派人捉拿申生。申生逃回曲沃，有人勸他逃走，但他認為自己逃到別國，是張揚父親的罪名，被諸侯恥笑。所以就沒有逃走。而留在國內又不能被父母所容。申生思前想後，最後在曲沃的祖廟裡上吊自殺了。

申生死後，驪姬又對晉獻公說：「重耳和夷吾知道並參與了申生的陰謀。」晉獻公於是派人去刺殺他們兩個。重耳和夷吾只好逃奔到別的國家去避難。

幾年後，晉獻公去世，驪姬如願以償，讓自己的兒子奚齊當了國君。但驪姬的所作所為早已經引起了晉國上下的不滿。不久，大臣裡克發動政變，驪姬和奚齊都被殺死。此後，晉國動盪不休，直到重耳回國做了國君才安定下來。

太子申生正直忠厚、忠心耿耿，但最終竟被逼而死；重耳和夷吾雖然無辜，也被迫逃亡；晉獻公死後，晉國國內動盪不休。這些悲劇主要是晉獻公偏聽驪姬的讒言造成的。

【解析】

歷史上像晉獻公這樣的國君不止一個：秦二世偏信趙高，最後在望夷宮被殺；隋煬帝偏信虞世基，結果在揚州被部下縊死，都是典型的例子。「別而聽之則愚，合而聽之則聖」，我們都應該從中汲取教訓。

君主也是凡人，並不是神。距離百步以外的聲響，他也照樣聽不到；在牆壁外面的東西，他也不會看得見。即使像商湯、周武王這樣聖明的君主，也還要多方搜集眾人的言論。因此，領導者應該善於聽取和分析多方面的意見，才有助於做出正確的判斷。這也就是我們所熟知的「兼聽則明，偏聽則暗」。

84 臣子富貴，君將代之

有道之君，不貴其臣；貴之富之，備將代之。

——《韓非子．揚權》

【譯文】

懂得管理的領導者，絕不會使他的屬下過於顯貴，如果屬下過於顯貴，他們就會取而代之。

【經典故事】

一天，楚王對大臣干象說：「我打算以楚國的力量扶持甘茂在秦國做國相，你看如何？」

干象連連搖頭說：「不可不可！」

楚王問：「為何不可？」

干象說：「甘茂這個人可了不得。他那麼年輕的時候就侍奉史舉先生。史舉這個人可不好侍候，他本是上蔡這個地方的一個守門人，後來修煉得道，架子很大，天子諸侯都不在他眼裡，對父母親人也不買帳，為人刻薄，待人苛刻，天下無人不知。可是甘茂在他身邊做事，卻能把他服侍得服服帖帖。秦惠王算是明察善斷的了，張儀算是老奸巨猾的了，可是甘茂在他們手下做事，先後擔任了十個官職，卻沒有犯一點錯誤。甘茂的確是個人才！怎麼能扶持他做秦國的相呢？」

楚王說：「你的意思是說，為別國尋找國相，不能樹有才能的賢人？這又是為什麼呢？」

干象說：「以前大王把邵滑推薦到越國去做官，五年之後就把越國給搞垮了。為什麼會是這樣？就因為邵滑是個蠢材，把越國搞得一團糟，而楚國卻被賢才治理得井井有條，所以楚國能戰勝越國。大王對越國知道用這個道理，為什麼現在對秦國就不會用了呢？」

楚王問：「那你認為，我應該怎麼做呢？」

干象說：「我看，大王不如設法扶持秦國的公子共立。」

楚王又問：「共立這個人可以做國相嗎？為什麼呢？」

干象說：「共立是秦國的一個紈絝子弟，從小受到寵愛，長大後地位尊貴。他可以披著秦王的衣服，嘴裡嚼著香草，手上玩著玉鐲在朝廷上辦公。這樣的人擔任秦國的相，足以把秦國搞亂，那對我們是有利的！」

【解析】

對手強大了，對於自己來說一定不是好事，所以楚國向別國推薦的總是庸才。這說明了一個道理：不能重用或絕對信任對手為你舉薦的「人才」。當然，在春秋戰國那樣動亂的時代，權臣巨富勾結外國，君權不力的情況下，有些事情不得不相互妥協地來處理。但權臣巨富都有好下場嗎？也未必。

在歷朝歷代上，許多顯貴一時的家族，很難躲得掉被抄家的命運，這是因為正常的執政者無法忍受屬下的權位、財勢能夠比擬皇家。所以晉朝的巨富石崇、清朝掌管江南織造的曹家等，均是下場悲涼。然而也有不少顯貴的大臣，就順勢得到天下，如西漢王莽、曹魏的司馬氏，與「黃袍加身」的趙匡胤等等，這都是他們懂得進退之道。老子說「功成身遂」，就是這個意思。

85 其法易為，用人不疑

明主之表易見，故約立；其教易知，故言用；其法易為，故令行。

——《韓非子．用人》

【譯文】

英明的領導人，其標準很容易看見，所以規約能夠確立；他的教導容易理解，故說起話來很起作用；他的法規容易遵守，故而法令很好推行。

【經典故事】

自古以來，歷代成就大業的帝王，有諸多因素，而用人不疑則是一個非常重要的因素。孫權信任諸葛謹就是一個例證。

三國時期的東吳諸葛謹，字子瑜，琅琊陽都人。生於一七四年，卒於二四一年，是西蜀丞相諸葛亮的兄長。

東漢末年，軍閥混戰，諸葛亮於隆中躬耕隴畝，後經劉備「三顧茅廬」而出山為其所用；其兄諸葛謹，避亂江東，經孫權妹婿薦於孫權，受到禮遇。初為長史，後為南郡太守，再後為大將軍，領豫州牧。

諸葛謹受到重用，引起了一些人的嫉妒，暗中讒言其明保孫吳、暗通劉備，為其弟諸葛亮所用。一時間，謠言四起，滿城風雨。孫吳名將陸遜善明是非，他聽說後非常震驚，當即上表保奏，聲明諸葛謹心胸坦蕩，忠心事吳，根本沒有不忠之事，懇請孫權不要聽信讒言，應該消除對他的疑慮。

孫權說道：「子瑜與我共事多年，情如骨肉，彼此瞭解得十分透徹。對於他的為人，我是知道的，不合道義的事不做，不合道義的話不說。

「劉備從前派諸葛亮來東吳的時候，我曾對子瑜說過：『你與孔明是親兄弟，而且弟弟應隨兄長，在道理上也是順理成章的，你為什麼不把他留下來呢？如果你要孔明留下來，他不敢違其兄意，我也會寫信勸說劉備，劉備也不會不答應。』當時子瑜回答我說：『我的弟弟諸葛亮已投靠劉備，應該效忠劉備；我在你手下做事，應該效忠於你。這種歸屬決定了君臣之分，從道義上說，都不能三心二意。我兄弟不會留在東吳，如同我不會到蜀去是一個道理。』這些話，足以顯示出他的高貴品格，哪能出現像所流傳的那種事呢？子瑜是不會負我的，我也絕不會負子瑜。

「前不久，我曾看到那些文辭虛妄的奏章，當場便封起來派人交給子瑜，並寫了一封親筆信給子瑜，很快就得到了他的回信，他在信中論述了天下君臣大節自有一定名分的道理，使我很受感動。可以說，我和子瑜已是情投意合，同時又是相知有素的朋友，絕不是外面那些流言蜚語所能挑撥得了的。

「我知道你和他是好朋友，也對我真情實意。這樣，我把你的奏表封好，像過去一樣，也交給子瑜去看，也好讓他知道你的一片良苦用心。」

【解析】

劉邦是中國歷史上第一位平民皇帝，當他的軍隊攻入咸陽城時，就立即與城內的百姓約法三章，將秦代的細法繁令全部取消！只讓百姓明白三件簡單的命令，所以關中一帶的人民都非常擁戴他。而等到漢朝確定建立後，他也僅採取黃老政治，讓百姓休養生息為先。這才奠定了漢代國力強盛的基石。所以，劉邦的確是有他特別的才識。

領導者不能有讓人摸不著頭緒的標準，若是非常的繁瑣細微，那底下的人必定會十分的反感！所以，只要定出大的方向與標準，簡短乾脆、一目了然是最上等的管理法規了。

86 奸人亂政，盲從亂國

凡奸臣皆欲順人主之心，以取親幸之勢者也，是以主有所善，臣從而譽之，主有所憎，臣因而毀之。

——《韓非子．奸劫弒臣》

【譯文】

凡是小人奸佞們都會想借由順從領導者的心意，來取得信任與寵愛，所以領導者喜歡的，他們就會吹捧；領導者討厭的，他們就會詆謗。

【經典故事】

燕王噲當政的時候，子之擔任國相，但子之卻是一個獨斷專權、欺君害國的人，他甚至為了達到個人的政治目的，而借用外國的力量。

一次，齊國派蘇代出使燕國，燕王噲向蘇代打聽齊王的情況。

蘇代說：「當今齊王看來是沒希望了，成不了大氣候了。」

燕王噲問：「為什麼？」

蘇代說：「他比當年齊桓公差遠了。齊桓公是怎麼建立霸業的？他把內務都交給鮑叔牙，把外事都交給管仲，而他自己整天披頭散髮只顧享樂，在宮廷市場上閒逛。可是當今的齊王卻對大臣不信任，不肯把大權交給他們。所以我看是沒什麼希望了。」

燕王聽了蘇代的話，覺得應當借鑑齊桓公的經驗，於是進一步把大權下放給子之。子之心中大喜，知道這是蘇代暗中在幫忙，就派人送給蘇代很多金子，並且答應了蘇代這次出使燕國所提出的一切要求。

又過了不久，燕王想效仿堯、舜禪讓，把國家讓給子之。他就此事問隱士潘壽諮詢。

潘壽說：「我怕將來子之的下場也和當年的益一樣啊。當年大禹把天下交給了益管理，又任命了自己兒子啟手下的人擔任各級官吏。到老了以後，又覺得啟擔當不了天下大任，最後還是把天下傳給了益。但是，當時權勢已經都在啟一邊。所以大禹死後，啟就夥同自己的黨羽攻擊益，把天下奪到自己手中。由此看來，禹名義上是把天下傳給了益，而實際上卻是讓啟奪取了天下。這就是禹不如堯、舜高明的地方了。如今大王想把天下傳給子之，可是現在各級官吏都是太子的人。這不也是名義上傳給子之，實際上要讓太子將來自己奪取國家嗎？」

燕王噲聽了潘壽的話，就把官吏們的大印都收了上來，三百石以上級別的官印都交給子之重新任命，子之的權勢就愈來愈大了。

【解析】

身為一個領導者，最好是不要在工作場合中，太顯露出自身的喜好與厭惡，因為在工作的場合中表露出喜惡時，一定會被下屬所察覺。有些想巴結領導的下屬們，就一定會投其所好，可能陪著打球，也可能利用節日送禮等等，而通常若是遇上了喜歡的東西是難以拒絕的。久而久之，領導者的喜好或厭惡，就會被這些有心人士所摸清，他們就能更順著領導者的心去行事。

假設，這些善於逢迎巴結之士，能夠安分守己地在自己的工作崗位上盡責，那其實從管理的角度而言，也不會有太大的問題。但這是不可能的，善於逢迎巴結就是心中有歹念的人，他們如何能安分守己呢？

所以，做領導者要留意的就是，儘量不在工作場合上表現出喜好與厭惡。若是表現公正客觀，就算善於逢迎之人也會不敢貿然行動的。

況且，英明的君主固然要借鑑別國的經驗，但如果並沒有把外面的情況真正搞清楚，只聽外面來的人胡說八道，就盲目照搬，那也是要出問題的。

87 事必躬親，反而不得

是以聖人不親細民，明主不躬小事。

——《韓非子．外儲說左下》

【譯文】

英明的領導者不會親自管理普通民眾，不會親自處理小事。

【經典故事】

有一天，齊國的一個大臣對齊王說：「到了年終結算的時候啦，您得花幾天時間親自過問一下底下報上來的帳啊，要不然，那些官吏們貪污腐敗、營私舞弊的情況，您都不知道啊！」

齊王說：「不錯，很有這個必要。」

國相田嬰見齊王表了態，就立即懇切地邀請齊王來聽下面的人報帳。齊王答應了。田嬰就叫管財務的人把雞毛蒜皮大大小小各種帳目契卷都搬來，一一說給齊王聽。齊王聽了一晌午還沒聽完，吃了午飯又接著聽，聽得頭暈腦脹，晚飯都不想吃了。

齊王實在不想聽了，田嬰卻對齊王說：「財務帳目上面的事，大家一年到頭都絲毫不敢馬虎啊，大王再堅持一個晚上，把帳聽完，這對大家也是一種勉勵啊！」

齊王無奈，只好接著聽，聽到後來終於支持不住，閉上眼睛打起了呼嚕。管財務的官吏見大王睡著了，就拿出筆來在報過的帳冊和契券上亂改一通。齊王根本就不知道。

君主要是親自過問小事，意味著國家的混亂就要從此開始了。

【解析】

中國的政治管理規則，從秦代以來漸漸建立為一個體系非常龐大的文官系統。這系統一直維持到清代結束，共發展了兩千多年，成為一項全世界的政治學家非常感興趣的研究專案。從今天看來，若扣除掉君主專制的弊病來看，這一文官體系事實上是很成功的！其中一個原因，就是它是採用層層專職的道理，現在全世界政治穩定且先進的國家都是如此。

不會做領導的人，沉陷於具體小事，親自過問細節，結果只會忙得精疲力盡、眼花繚亂，被下面的人牽著鼻子走，事情還辦不好。

身為領導者，根本就不需要、也不能夠去管到每一件巨細靡遺的事！大小事不分的話，那是極為愚笨的行為。

88 逐一聽取，集合議論

事至而結智、一聽而公會。

——《韓非子・八經》

【譯文】

遇到事情就要集中眾人的智慧，一一聽取意見，然後把大家集合起來議論。

【經典故事】

周簡王元年（前五八五年），楚國攻打鄭國。鄭國弱小，打不過楚國，就向晉國求救。晉景公派大將欒書率兵救鄭。

晉軍開到鄭國，很快與楚軍相遇。楚軍見晉軍兵多勢猛，就退兵了。欒書不想一無所獲就回師晉國，就順路攻打了蔡國。蔡國原跟楚國結盟，就趕緊向楚國求救。楚國雖不想跟晉國作戰，但蔡國既來求援，不能袖手旁觀，就派了公子申和公子成各領自己所轄的軍隊前去援蔡。

楚軍退而復來，晉國大將趙同和趙括向主帥欒書請戰，欒書同意了。正當兩位大將要領兵出戰的時候，晉軍中另外幾位將領知莊子、范文子和韓獻子對欒書提出意見說：「楚軍既然退而復來，說明準備很充分。我們跟他們打仗，勝了，不過是打敗楚國兩個小股軍隊，沒有什麼光彩和好處；敗了，那就是奇恥大辱了。不如按原計劃收兵回國。」

欒書一分析，覺得他們三人說得有理，就取消了作戰的命令。晉軍中有不少將士原來打算跟楚軍打一仗，可現在主帥又命令不打了，覺得想不通，就對欒書說：「一個人跟大多數人意見一致，辦事才能成功。你是主帥，部下有十一個將領，只有三個人不主張打仗，想打仗的是多數人，你為什麼不跟多數人在一起呢？」

欒書回答說：「正確的意見才能代表大多數。知莊子等三位提的意見有理，能夠代表大多數人。我採納他們的意見是應該的。」於是，欒書率領晉軍回國了。

又過了兩年，欒書又率兵出戰。他攻打了蔡國，本打算繼續攻打楚國。知莊子、范文子、韓獻子三人又來見欒書說：「我們打了一仗，將士已經疲勞，而楚國已有準備，以逸待勞地等我們去攻打，戰爭可能會不利。不如回國途中去襲擊沈國。」

欒書又同意了他們的意見，沒有去打楚國，卻輕易地打敗了沈國。

欒書作為一個主帥，能夠虛心聽取部下的意見和建議，每一次對作戰的方針都做了正確的選擇。因此，避免了失誤，取得了勝利。人們稱讚欒書說：「欒書能夠聽取好的建議和正確的意見，可謂是『從善如流』。」

【解析】

俗話說：三個臭皮匠，頂個諸葛亮。韓非認為，君主不能僅憑個人智力進行統治，而必須利用臣下的一切智慧和力量，一一聽取，集合議論，果斷而有主見地採取其中的一種意見，這樣才能敵過眾人的智慧而勝過萬物。

89 民歸於利，士死於名

利之所在，民歸之；名之所彰，士死之。

——《韓非子．外儲說左上》

【譯文】

利益在什麼地方，民眾就歸向什麼地方；宣揚什麼好名聲，士人就拚命為之奮鬥。

【經典故事】

從前，趙襄子任命王登為中牟縣令。

王登感謝趙襄子的知遇之恩，就竭盡自己的聰明才智，盡忠職守。不久，將中牟治理得井井有條。趙襄子瞭解了王登的政績，為自己選對了人而高興，同時，也更加深了對王登的信任。

有一天，王登來到朝堂晉見趙襄子，對他說：「微臣治下的中牟縣，有兩個學士，一個叫中章，一個叫胥己。他們兩人都滿腹經綸，學識淵博，又很有才幹，在微臣治理中牟的過程中幫了大忙。願主公任用他們。」隨後，他向趙襄子詳細介紹了這兩人的情況。趙襄子聽了很高興，當即滿口答應：「你帶他們倆來見我，我將任命他們為中大夫。」

這時，相國上前勸諫說：「中大夫是國家的重要職位。現在中章、胥己沒有立下什麼功勞就擔任這樣的要職，這是歷來沒有過的事情。主公只是聽人介紹一下，連他們的面都沒見過，就發佈這樣的任命，恐怕是不妥當的吧。」

趙襄子回答說：「我任命王登的時候，既聽了別人的介紹，也見過他本人，進行了多方面的考察。現在，王登薦舉中章、胥己，他也聽過別人的介紹，見過他們本人，進行了多方面的考察。為什麼不可以相信呢？像我們這樣耳聞目見、層層舉薦人才，是沒有窮盡的，這對我們國家網羅人才大有好處。」

就這樣，王登在一日之內就推舉了兩人。他們都被任用為中大夫，由國家授予田地和住宅。

中牟縣的人聽到這個消息，都羨慕得不得了。許多人都不再做農活，賣掉自家的房子、園地，跟隨文學之士學習。這樣的人幾乎達到全縣的一半。從此，中牟縣讀書之風大盛。

【解析】

宣傳什麼，表彰什麼，其實就是在引導人們往什麼方向去做，因此導向性非常重要。立什麼人做榜樣，大家都會向他學習，這就形成了風氣。

但在這裡，更深刻的問題是如何選擇導向，如何確定誰才有資格做人民學習的榜樣？所以說，作為領導者要能夠發現正確的方向，要懂得識人、用人，這也就是成為優秀領導者的基礎。

90 忠君之臣，名垂後世

有忠臣者，外無敵國之患，內無亂臣之憂，長安於天下，而名垂後世，所謂忠臣也。

——《韓非子．奸劫弒臣》

【譯文】

有了忠臣，外部沒有敵國的威脅，內部沒有亂臣的憂患，而長治久安於天下，美名流傳於後世，這即是所謂的忠臣。

【經典故事】

春秋時候，有一次，齊景公到渤海邊遊玩，海邊的美麗景色令他流連忘返。他對跟隨他的諸位大夫下令說：「我不想回去了，誰要是說回去就處死他！」

齊國大夫顏涿聚是孔子的門徒，當時也跟隨齊景公出遊。他不顧禁令，上前勸諫道：「君王在海邊縱情享樂，要是京城裡有人圖謀不軌搞政變怎麼辦？如果丟了政權，以後你再想得到這種樂趣，還有可能嗎？」

遊興正高的齊景公聽了很惱火，說：「寡人已經下令，誰要是說回去就處死他。你不要命啦？居然敢冒犯我的禁令！」說完就操起一把長刀要殺顏涿聚。

顏涿聚面不改色地說道：「從前夏桀殺了關龍逢，商紂殺了比干，今天你再殺了我，跟他們兩位湊成個三也好！我說這些話都是為了國家，不是為我自己。」說著，他就伸長了脖子湊上前去對齊景公說：「你殺吧！」

齊景公愣了一會兒，最後還是放下了長刀，下令驅車返回都城。回去三天，就有人透露出消息說，曾有人在齊景公外出期間圖謀兵變，不讓齊景公返回京城。齊景公聽了不禁嚇出一身冷汗。

【解析】

身為一個團體的領導者，一定都會希望底下的幕僚、官員均是忠於自己或忠於組織的，但是領導者又如何去分辨忠奸呢？真的有了忠臣國家就會長治久安嗎？未必如此啊！不少忠臣常被屏除在國政之外，直到國家覆亡，才會知道他們的一片忠心。翻開中國五千多年的歷史，稱得上是忠臣的，多半也是烈士。

能分辨忠奸的領導者，就會找一些正直但可能不討歡心的人做事，像唐太宗有令其討厭的魏徵，卻仍任用他，就是因為他會糾舉出太宗的錯誤來，這才是真的忠心耿耿！唯有忠心的人才會顯現出關心，因關心就會想導正。所以古代忠臣就以勸諫為要務。

不辨忠奸的領導者，也不會知道誰是忠臣、誰是奸臣，反正只要迎合他的就會獲得寵信。這種現象從古至今，似乎都不曾停止過！忠臣不是只在太平盛世才出現，其實他們不曾在官員群中缺席，只是領導者疏忽了。

91 君表所欲，臣將雕琢

君無見其所欲，君見其所欲，臣自將雕琢；君無見其意，君無其意，臣將自表異。

——《韓非子．主道》

【譯文】

領導者不要表現出自己的想法，表現了自己的想法，屬下就會粉飾自己；領導者不要表現出自己的意圖，表現了自己的意圖，屬下就會偽裝自己。

【經典故事】

齊威王的王后去世了，宮中有十個姬妾，都很受齊威王寵愛。當時擔任齊國國相的薛公想提議從中另立一名王后，如果他的提議被齊威王採納，將大大提高薛公的聲望；但如果他提議的人選不符合齊威王的心思，被齊威王否定，那麼薛公的聲望就要大打折扣了。所以，提議誰為王后，事關重大，薛公頗費腦筋。他想在提出候選人之前先摸一下齊威王的心思，於是就購買了十副耳環，其中有一副的樣子別致，特別的精美。他把這十副耳環獻給齊威王，讓他轉送給十個姬妾。第二天，薛公注意觀察，看那副最精美的耳環被哪位姬妾戴上了，便提名她為王后。薛公提出的人選果然正中齊威王下懷，獲得了通過。

還有一個故事：甘茂擔任秦惠王的相，可是秦惠王又很喜歡公孫衍。有一次秦惠王與公孫衍私下交談，秦惠王表示有意改立公孫衍為相。不料他們的談話，被甘茂手下的人偷聽到了，並且告訴了甘茂。

第二天，甘茂見了秦惠王便說：「恭喜恭喜，恭喜大王新得到一名賢相！」

秦惠王說：「我已經把國家託付於你，哪有什麼新的賢相？」

甘茂說：「大王不是將要立公孫衍為相了嗎？」

秦惠王問：「你從哪裡得到這個消息？」

甘茂說：「是公孫衍親口對我說的啊！」

秦惠王以為是公孫衍洩露了他們二人私下談話的內容，十分生氣，於是就把公孫衍趕走了。

【解析】

領導者若表現出自己的意向時，屬下為了要博得領導者的歡心，就會揣測領導者的心意，說服自己做偽裝。領導者不要顯露出自己的意向來。表現得愈平常，屬下就愈難去捉摸領導者的心態，對於處理所有的事情，領導者都應該保持一定的距離。一旦領導者明白地顯露了自己的心意，那麼圖謀你的人便多了，客觀公平就會失了準度，不可不慎啊！

92 盡人之力，盡人之智

下君盡己之能，中君盡人之力，上君盡人之智。

——《韓非子．八經》

【譯文】

下等的君主竭盡自己的才能，中等的君主竭盡眾人的力量，上等的君主竭盡眾人的智慧。

【經典故事】

蔡侯的女兒嫁給了齊桓公，不久，她就做到夫人的位子。

有一次齊桓公與夫人一起乘小舟遊玩，夫人把小舟搖晃起來跟齊桓公逗樂，把齊桓公嚇得要命，喝令她停下，她就是不聽。齊桓公一怒之下，就把她給休了。

過了些時候，齊桓公又想念她了，想把她召回來，可是蔡侯卻把女兒改嫁給別人了。

齊桓公大怒，就要出兵討伐蔡國。

管仲勸諫說：「為了夫妻之間鬧著玩的小事，就去討伐人家的國家，值得嗎？以這種理由去討伐，能指望有什麼好結果呢？還是不要計較了吧。」

齊桓公嚥不下這口氣，堅決不肯甘休。

管仲說：「一定要討伐，那也得找其他藉口。楚國已經好幾年不向天子進貢祭祀用的茅草了，不如以此做理由為天子討伐楚國。打完了楚國，回來時順便襲擊蔡國。就說我們為天子討伐楚國，蔡國居然不派兵相助，所以該打，就此把蔡國滅掉。這樣做，既有為天子討伐逆臣的好名聲，又得到了為自己報私怨的實惠，豈不一舉兩得！」

【解析】

一般而言，若是聽到別人讚美我們「有為」，一定會沾沾自喜，因為這個名詞有上進、努力的意思存在。然而，若是一個領導者被人說是「有為」的話，那未必就是一件好事！因為領導者的角色，應該是要以「無為」作為最佳典範才是，並非要列入「有為」的行列。

最拙劣的管理方式是「事必躬親」的方式，因為不會運用層層分工的便利，只好每件事都親自處理，雖然很有為，但是卻很不受用。

中等的管理方式就是指揮屬下，這是大多數人所熟悉的，運用自己的頭腦去控制屬下的力氣。

最高等的則是無為的管理方法，只要管理好屬下，讓他們去動腦筋、去費力氣。領導者不必做任何不必要做的事，這樣不是更好？

93 任人以事，存亡之機

任人以事，存亡治亂之機也。無術以任人，無所任而不敗。

——《韓非子．八說》

【譯文】

選任人去處理事情，是存亡治亂的關鍵，不掌握方法而隨便用人，沒有一次是不失敗的。

【經典故事】

樂羊是魏國的大將，他帶領魏國軍隊去攻打中山國。

當時樂羊的兒子正好在中山國，中山國的國君就把樂羊的兒子殺了煮成一鍋肉湯，並且派人把肉湯送給樂羊，告訴他這就是用他兒子的肉煮成的。樂羊居然無動於衷，就坐在帳篷裡吃掉了肉湯。

魏文侯得知這件事很感動，對人說：「樂羊為我去攻打中山國，連自己的親兒子都不顧了，兒子的肉都能吃下去了！」

有人提醒魏文侯說：「連自己兒子都能吃，還有誰他能不吃？這種人不能不防啊！」

樂羊從中山國打了勝仗回來後，魏文侯雖然獎賞了他的功勞，但對他的為人卻起了疑心。

魯國的孟孫大夫打獵時捕獲一頭小鹿，就交給在自己手下做事的秦巴西，叫秦巴西把這頭小鹿帶回去。

秦巴西抱著小鹿往回走，只見一頭大母鹿老跟在後面，淒淒慘慘地啼叫。秦巴西明白那母鹿就是這小鹿的媽媽。他看了這情景實在不忍心，就把小鹿放了。

孟孫大夫打獵歸來，向秦巴西要那頭小鹿。秦巴西說：「我實在不忍心看它們母子分離，就把它放掉了。」孟孫大夫大怒，把秦巴西辭退了。

可是過了三個月，孟孫大夫又把秦巴西請回來，要他專門負責照看培養自己的兒子。

有人問孟孫大夫：「這個秦巴西，不是犯了嚴重錯誤被辭退的嗎？怎麼又重用他啦？」

孟孫大夫說：「我就是看中他這一點啊！他對小鹿都是那麼仁慈有愛心，更何況是對我的兒子呢？把兒子交給這樣的人，才放心啊！」

由此可見，費盡心機巧偽裝，不如笨頭笨腦老實人。樂羊算是精明，但他立了功反而受到懷疑。秦巴西老實，雖然犯了錯誤，卻更加得到信任。

【解析】

舉凡在政治裡頭，講求的是「任才適用」為原則。有什麼樣的職位，就有什麼樣的專才去擔任，這樣才能使效能發揮到極致！如有專長財經的人，他就會在經濟、財政單位任事；學習文化的，他就會在博物館、文教組織任職；而若是有著一身好本領的，他可能就會在情報單位、調查單位謀事。整個政府，就是依靠這些各有專才的人所組織起來的。

但是這個社會上人何其多？不但伯樂難尋，恐怕許多人也不清楚自己的潛能，因而從來就沒能發揮過！作為一個領導者，我們不僅要有像伯樂一樣的識人任事之能，還要有認識自己的能力。

94 求善而賞，遇奸而誅

明君求善而賞之，求奸而誅之，其得之一也。故以善聞之者，以說善同於上者也；以奸聞之者，以惡奸同於上者也。

——《韓非子．難三》

【譯文】

英明的君主尋找賢才而賞賜他，尋找壞人而懲罰他，得到的結果是一樣的。所以，把好事稟告君主的人，在喜好好事這一點上與君主相同；把壞事稟告君主的人，在憎惡壞事上與君主相同。

【經典故事】

有一次，魯國君主魯穆公問子思說：「我聽人說龐大夫的兒子不孝，品行不好，他的行為到底如何？」子思回答說：「君子嘛，只尊重賢人，崇尚美德，只標舉好的事情給百姓做榜樣；至於那些不好的品行，只有小人才看在眼裡記在心裡。我可不知道龐家那兒子有什麼不好的品行。」

子思走了之後，子服厲伯進來，魯穆公又向他打聽龐家兒子的情況。子服厲伯列舉了龐家兒子的三條惡劣行為，都是魯穆公沒聽說過的。然而，魯穆公卻認為子服厲伯屬於小人，子思才是君子，從此尊重子思而看不起子服厲伯。

【解析】

韓非子對這件事評論說：看來魯國三代君主被季孫氏所控制，是一點也不奇怪的事，因為魯國國君不識忠奸。國君發現好人好事就給予獎賞，發現壞人壞事就給予懲罰，這性質其實是一樣的。有人把好人好事通報上來，這是因為他與君主一樣喜愛好人好事；有人把壞人壞事揭發出來，這是因為他與君主一樣憎惡壞人壞事。這兩種舉動都是應該加以表彰鼓勵的。不肯揭露壞人壞事，實際上就是不與君主保持一致，而與壞人同流合污。對這種行為，是應當給予批評處罰的。子思不肯揭露壞人壞事，穆公反而尊敬他；子服厲伯揭露壞人壞事，穆公反而看不起他。誰不願意受到尊敬？誰願意被人看不起？這麼一來，無論季孫氏在下面怎麼胡作非為，圖謀不軌，也沒有人會向魯君彙報了。這就是魯君之所以被季孫氏劫持的原因。

報喜不報憂，這種導致亡國的怪習俗，儒生還把它當作君子的美德來臭美，穆公居然還讚賞他，豈不是不知好歹！

95 挾智而問，不智者至

挾智而問，則不智者至；深智一物，眾隱皆變。

——《韓非子．內儲說上七術》

【譯文】

懷藏著已知去詢問事情，那不知道的事情也就可以知道了；深刻的去瞭解一件事情，許多不知道的事情都可以分辨清楚。

【經典故事】

宋國的太宰讓自己身邊一個年輕僕人沒事時出去逛街，等他回來就問他：「在外面看見什麼啦？」

僕人說：「沒看見什麼啊？」

太宰又問：「是嗎？再仔細想想，看見什麼了？」

僕人很認真地想了一會兒，說：「好像在南門外有好多好多牛車，堵得路都不太好走了。」

太宰聽罷，對僕人小聲說：「千萬別跟其他人說我向你打聽了什麼！知道嗎？」

僕人不知所以，只好迷惑不解地點了點頭。

太宰馬上就把負責衛生管理的官員找來訓話說：「你是怎麼搞的？今天南門外是怎麼回事？怎麼有那麼多牛屎在路上？」

那個官員嚇得要命，他怎麼也搞不明白，堂堂一國宰相怎麼會這麼快就知道南門外發生的事情。大家口耳相傳，屬下們從此以後只好戰戰兢兢，堅守職責，不敢有一絲一毫的疏忽。

已經掌握某一情報，卻假裝不知道，故意向下面的人詢問，馬上就可以發現誰忠厚誰奸詐。

有一位韓昭侯和宋國的太宰相比一點也不遜色。一天，韓昭侯在庭院裡一邊散步一邊玩弄自己的手指甲，突然他假裝丟失了一隻指甲，並且裝作很著急的樣子到處尋找。

於是左右的官吏也來幫他尋找，其中就有人偷偷割下自己的指甲獻上去，冒充找到了指甲。

韓昭侯由此就知道他身邊這些官吏哪個誠實、哪個奸詐。

韓昭侯還經常派貼身的人騎馬到郊縣去巡視，回來後，韓昭侯就問他看見了什麼。出去的人實在沒發現什麼大事發生，只好報告一些雞毛蒜皮的小事來搪塞，說：「南門外農田裡有一隻小黃牛在啃田裡的農作物。」

韓昭侯對這個人交代：「不要向外人洩露我向你詢問的情況！」

然後韓昭侯向群臣下令道：「現在正是春苗生長的時候，本來就有禁令，嚴禁此時把牛馬放到農田裡去，你們執行得怎麼樣啊？有沒有把禁令當回事啊？據我所知，現在有很多牛馬在田裡。你們趕緊去統計一下，把數字報上來。報得不準確，我就治你們的罪！」

過了一會兒，東門、西門、北門的數字都報上來了。

韓昭侯說：「都報上來了嗎，恐怕還有遺漏吧！南門外檢查了沒有？」

手下的人趕緊到南門外一看，果然見有一隻小黃牛在田裡。這一來，群臣們都以為韓昭侯極其明察，無所不知，一個個都戰戰兢兢，在自己的崗位上不敢為非作歹了。

【解析】

有時候，我們也要學著像故事中的人一樣，對著一些可能無法全然知道的事情，卻又礙著不好明說的狀態下，這時只好針對我們已知的部分去「點到為止」。

但是要注意的是，所點的部分也必須是一針見血，切入重點式的。如果重點掌握住了，那其他不知道的也很快地就會知道。領導者要學會去掌握重點，用已知、可套用的部分，去弄清楚尚未知道的部分。

人不是全能的，但是如果學會掌握主要的關鍵，那許多事情都會容易解決的。

96 聽有門戶，則臣壅塞

觀聽不參則誠不聞，聽有門戶則臣壅塞。

——《韓非子．內儲說上七術》

【譯文】

觀察和聽取下屬的言行，若不加以驗證，那實情仍無法瞭解，如果有門戶之見的話，那就可能被下屬蒙蔽。

【經典故事】

有一天晚上，齊王在宮殿裡舉行宴會。

參加宴會的有一位中大夫名叫夷射，席間酒喝多了，就獨自一人走到門外，倚在廊門邊透透新鮮空氣。門房裡有一位受過斷足之刑的看門人，名叫刖跪，就走過來對夷射說：「中大夫的酒看來喝得不少，能不能把喝剩下的酒賞一點給我喝呢？」

夷射噴著滿嘴酒氣，呵斥道：「去，滾開！你算什麼東西？一個受過刑的看門人，居然也敢向中大夫討酒喝！」

刖跪討了個沒趣，退了下去。等到夷射走了，刖跪就弄了一點水倒在廊門屋簷下接雨水的凹塘裡，好像是有人撒了一攤尿的樣子。

第二天一早，齊王出門看見那一攤水跡，心想：這幾天也沒下雨，這裡怎麼會有一攤水？肯定是哪個傢伙撒的尿。太不像話了，居然敢在王宮門前撒尿！他愈想愈氣，就衝著門房厲聲問道：「是什麼人敢在此撒尿的？」

刖跪說：「回大王，刖跪該死，沒有親眼看見撒尿的人。但是，昨天晚卜中大夫夷射好像在這裡站了好長時間……」

齊王聽了，也不去調查，就認定是夷射做的，於是把夷射抓起來殺掉了。

這種「借刀殺人」的例子有很多，有一個故事是這樣的：

費無極是楚國令尹（相當於國相）身邊的大紅人。後來郤宛來到令尹手下做事，也非常得令尹的歡心。費無極牛怕郤宛搶了自己的權位，決意謀害他。

一天，費無極對令尹說：「您既然這麼喜歡郤宛，怎麼不到他家去一起喝喝酒啊？」

令尹說：「好，你去安排一下。」

於是費無極就到郤宛家去，對郤宛說：「令尹要到你家來喝酒，他這個人倨傲尚武喜歡兵器，你一定要精心準備，先趕快在廳堂和庭院裡陳列好兵器。」

等到令尹來喝酒的時候，只見廳堂裡和院子裡到處陳列著兵器，不禁大吃一驚：「擺放這些兵器是做什麼用的？」

費無極在一旁小聲說：「情況不妙，恐有不測，大人還是快走吧！」

令尹勃然大怒，酒也不喝了，匆忙回去調動軍隊，就來討伐郤宛，沒過多久，就把郤宛殺掉了。

【解析】

韓非子認為，似是而非的現象，往往會干擾、混淆君主的視聽；小人也經常會製造似是而非的假像來迷惑君主，使君主做出錯誤的判斷，造成對下屬賞罰的失誤。故君主對此必須特別留心，不要上小人的當。

身為一位領導者，的確很難與每一位下屬都有接觸，而且因為各司其職的緣故，每一個人、每一個部門的工作性質皆不相同，自然有些人的工作會比較與主管接觸，久而久之，可能就會因為較親近的關係，主管會較信任他們，而關於一些工作上的流言蜚語，也許會從這些人口中聽到。

假如主管不去證實就聽信這些話時，那是很不明智的。或許聽聞的事件是真的，或許是假的，身為主管若不親自證實而濫下判斷的話，那就是被蒙蔽了。

97 喜怒無常，賞罰有定

喜無以賞，怒無以殺。

——《管子・版法》

【譯文】

國君不能因為自己一時高興就隨便施加賞賜，也不能因為自己一時生氣就擅自處死別人。

【經典故事】

漢朝的張釋之是南陽郡人，是漢文帝時的廷尉（最高司法官），他執行法律非常嚴格，對於漢文帝的一些不合法律規範的行為，也敢於直言相勸。

有一次，張釋之隨從漢文帝到上林苑遊覽。上林苑是專門供皇帝遊玩和打獵的地方，裡面有許多亭臺樓閣、奇花異草，還有各種各樣的飛禽走獸。漢文帝玩得很高興，不知不覺來到了養老虎的地方。老虎是百獸之王，漢文帝很想知道上林苑中有多少隻老虎，就問隨從的上林令，上林令支支吾吾，東張西望，急得滿頭大汗，就是回答不上來。漢文帝很不高興，又問整個上林苑登記在冊的禽獸有多少，上林令還是回答不出來。正在這個時候，負責管理老虎的小官代替上林令回答了漢文帝的詢問。他不僅把老虎的數目說得一清二楚，而且還給漢文帝講了一些老虎和其他禽獸的生活習性。漢文帝聽了非常高興，覺得這個小官很有水準，一個朝廷的官吏應當這樣應對如流。上林令對自己管理下的上林苑有多少禽獸都不知道，是不稱職。於是就命令張釋之去任命那位小官做上林令。

隨便就讓小人物做上林令，這樣做顯然不合理。如果皇帝一時興起喜歡誰就提拔誰，不喜歡誰就撤誰的官，那可就亂套了。張釋之想到這些，就決定勸漢文帝改變主張。

他上前對漢文帝說：「皇上覺得絳侯周勃是怎樣的人？」

漢文帝說：「是一位忠厚長者。」

張釋之又問：「東陽侯張相如是怎樣的人？」

漢文帝又說：「也是一位忠厚長者。」

張釋之於是說道：「絳侯、東陽侯是忠厚長者，在朝廷中有很高的威望，連皇上您也稱讚他們。但這兩個人都不善於應對回答，在朝廷上討論政事的時候，經常說不出話來。這個管理老虎的小官倒是對答如流，但這只是表面現象，這個人到底能力有多大、品德如何，皇上您現在並不瞭解。如果僅僅由於他能說會道，博得您的歡心，您就越級提拔他，那麼天下的官吏就會爭著夸夸其談，不講實際了。秦朝的時候，大家都以辦事急切、會找岔爭能顯勝，他們的毛病就是只會作表面文章，絲毫沒有同情百姓的實際狀況，所以皇帝聽不見自己的過失，國事一天天敗壞下去，到了秦二世，天下就土崩瓦解了。任免官吏這樣的事一定要詳細考察、慎重考慮才行。」

漢文帝聽了之後，覺得張釋之說得很有道理，自己的確不應該一時高興就隨便提拔一個人，就撤回了他的命令。

還有一次，漢文帝出外巡視，經過渭橋的時候，忽然有一個人從橋下竄了出來，把皇帝的馬嚇了一跳，差一點把漢文帝從馬車裡摔出來。漢文帝十分生氣，趕快派警衛把那個人逮捕起來，交給廷尉張釋之去治罪。張釋之仔細審問了那個人，問他為什麼要衝撞皇帝的車駕。

那人回答說：「我從鄉下來到城裡，聽說皇帝出巡，街上禁止通行，我就躲在橋下。等了好久，以為皇帝的聖駕已經過去了，我就鑽了出來，誰知正好撞上皇帝的車馬，我很害怕，就趕快逃走了。」

張釋之認為這個鄉下人說的是實話，雖然他衝撞了皇帝的聖駕，犯了大罪，但是他畢竟不是有意的，所以就判他罰錢贖罪。

漢文帝對這個判決很不滿意，他生氣地說：「這個人驚嚇了我的馬，幸虧我的馬性子溫和，假如是另一匹性子暴躁的，不就翻車跌傷我了麼？像這樣嚴重的罪行，你居然只判處他罰金，這不是太便宜他了嗎，應該處這個人死刑！」

張釋之從容地回答說：「法律是皇帝和天下人所共有的，不應該偏私。現在法律上有這樣的規定，我是依照法律來判決，如果擅自更改，加重刑罰，那麼天下的老百姓就不會相信法律了。如果皇上要嚴辦他，那當場派人抓住他殺掉也就完了。如今既然交給廷尉，廷尉是天下公平執法的模範，一有了偏差，天下執法的人都會隨著任意增減刑罰，那麼老百姓怎麼能夠服氣呢？希望皇上好好考慮一下這件事情。」

漢文帝認為張釋之說得非常有道理，就採納了張釋之的意見，只處那人罰金，不再加重處罰。

【解析】

每個人都有自己的喜好，君主也不例外。但君主處於特殊的地位，操縱著生殺大權，如果完全由著自己的喜好，高興了就隨便賞賜，生氣了就隨便殺人，就會招來人民的怨恨，引起人民對國家法律的懷疑，產生非常危險的後果。

同理，在現代社會一個組織、一個企業的領導者的行為必須有規可循，有法可依，不能憑個人的喜怒行事。

98 謀略之道，周密為寶

夫事以密成，語以洩敗；未必其身洩之也，而語及所匿之事，如此者身危。

——《韓非子．說難》

【譯文】

人做事因為保守秘密而成功，若是洩露出去就可能導致失敗。這不一定是進說者本人洩露了機密，而是言談間不自覺地涉及了隱秘的事，像這樣，進說者就危險了。

【經典故事】

韓國的韓昭侯這個人很隨意，平時說話不大注意，往往無意間將一些重大的機密事情洩露了出去，使得大臣們周密的計畫不能實施。大家對此很傷腦筋，卻又不好直言告訴韓昭侯。

有一位聰明人叫堂谿公，自告奮勇去見韓昭侯，他認真地對韓昭侯說：「假如這裡有一隻玉做的酒器，價值千金，它的中間是空的，沒有底，它能盛水嗎？」

韓昭侯說：「當然不能盛水。」

堂谿公又問：「有一隻瓦罐子，很不值錢，但它不漏，您看它能盛酒嗎？」

韓昭侯說：「當然可以啦。」

於是，堂谿公因勢利導，笑著說：「這就是了。一個瓦罐子，雖然值不了幾文錢，非常卑賤，但因為它不漏，所以可以用來裝酒；而一個玉做的酒器，儘管它十分貴重，但由於它空而無底，因此連水都不能裝，更不用說人們會將美酒瓊漿倒進裡面去了。」

講到這兒，堂谿公抬頭看了莫名其妙的韓昭侯一眼，略微抬高了一點聲調說道：「人也是一樣，作為一個地位至尊、舉止至重的國君，如果經常洩露臣下商討有關國家的機密的話，那麼他就好像一件沒有底的玉器。即使是再有才幹的人，如果他的機密總是被洩露出去，那他的計畫也無法實施，因此就不能施展他的才幹和謀略了。」

這時，韓昭侯恍然大悟，他連連點頭說道：「你的話真對，你的話真對。」

從此以後，凡是要採取重要措施或大臣們在一起密謀策劃的計畫、方案，韓昭侯都小心對待，慎之又慎，連晚上睡覺都是獨自一人，因為他擔心自己在熟睡中說夢話，把計畫和策略洩露給別人聽見，以至於誤了國家大事。

【解析】

凡謀劃之道，以周密為寶。事情尚未準備好，卻輕易洩露，必然使本來就尚未具備條件的事情更添阻梗，怎能不敗。水之將沸，一次次揭開蓋子，水就很難沸騰。

保守秘密是十分重要的，韓非子認為，人不密則亡身，國不密則亡國；另一方面，多言的人的言論涉及到聽者心中的秘密，自身也就危險了。

99 獨木難支，孤掌難鳴

人主之患，在莫之應，故曰一手獨拍，雖疾無聲。人臣之憂，在不得一，故曰右手畫圓，左手畫方，不能兩成。

——《韓非子．功名》

【譯文】

君主的憂患，在於沒有誰來回應，所以說，一隻手獨拍，即使拍得再快也沒有聲音。臣子的憂患，在於不能與君主結為一體，所以說，右手畫圓，左手畫方，不能兩手都畫成。

【經典故事】

一天，晉國君主晉平公問大臣叔向說：「從前齊桓公多次聯合諸侯，一舉匡正天下，建立了赫赫功業。不知這主要靠的是臣子的力量，還是君主的力量？」

叔向回答說：「這就好比做一件衣裳，管仲善於裁剪，賓胥無善於縫紉，隰朋善於鑲邊。衣服做成了，齊桓公只要往自己身上一穿就行了。都是為臣者出的力，君主何需出什麼力？」

站在一旁的樂師師曠聽了，不以為然地伏在琴上直笑。

晉平公問：「樂師笑什麼呢？」

師曠說：「我笑叔向的回答。人臣就好比廚師，調和五味烹調佳餚獻給君主享用，君主要是不吃，那也就沒辦法。你總不能強迫他吃。要是讓我來打比方，君主就好比是土壤，臣子就好比是草木。土壤一定要肥沃，草木才能長得茁壯。所以，應該說是靠君主的力量，臣子有什麼力量呢？」

韓非子評論說：叔向、師曠的回答，都屬片面性。多次聯合諸侯，一舉匡正天下，這可是極其美好而偉大的功業，既不可能是只靠君主的力量，也不可能是只靠臣子的力量。

從前宮之奇在虞國，僖負羈在曹國，兩位都是頂聰明的大能人，說話切中要害，辦事很見功效。可是虞國、曹國都滅亡了。為什麼呢？因為只有能幹的臣子，沒有英明的君主。又如蹇叔原先在虞國，虞國滅亡了。後來蹇叔到了秦國，秦國卻稱霸了。難道說蹇叔在虞國是個笨蛋，而到了秦國就變成了大能人？這也說明有沒有英明的君主是大不一樣的。

叔向說都是為臣者出的力，顯然是不對的。從前齊桓公在宮中養了許多女人，他整天披頭散髮跟女人尋歡作樂。後來得到了管仲，就成了春秋五霸之首；失去了管仲，得到個豎刁，最後國家大亂，自己落得死後身體出了蛆都沒人安葬的下場。如果說不靠臣子的力量，那麼，齊桓公就不必一定要得到管仲才能稱霸；如果說只靠君主的力量就行，那麼，齊桓公也不會僅僅因為有了個豎刁就讓齊國亂成那樣。從前晉文公流浪到齊國的時候，愛上了齊國的女人，連老家也不想回了，是舅犯極力勸諫，才使他回到晉國。所以說齊桓公靠管仲才能聯合諸侯，晉文公靠舅犯才能建立霸業。

而師曠卻說只靠君主的力量，也是不對的。春秋五霸之所以能成就功名於天下，都是靠君臣一起出力。所以說，叔向、師曠兩人的回答，都是偏頗之辭。

【解析】

這的確是個很難回答的問題，韓非子的解答實在精闢獨到。這就好比說：在一個企業裡，是領導者出的力多，還是員工功勞更大些？正所謂「獨木難支」、「孤掌難鳴」。沒有領導者的計畫、統籌、分工設立目標，員工能知道自己該做什麼嗎？沒有員工的執行、操作、去實現目標，還要領導者做什麼？

成語「孤掌難鳴」典出於此。

管仲墓園

經典中的感悟

01	莊子的人生64個感悟	秦漢唐	定價：280元
02	孫子的人生64個感悟	秦漢唐	定價：280元
03	三國演義的人生64個感悟	秦漢唐	定價：280元
04	菜根譚的人生88個感悟	秦漢唐	定價：280元
05	心經的人生88個感悟	秦漢唐	定價：280元
06	易經的人生64個感悟	秦漢唐	定價：300元
07	道德經的人生64個感悟	秦漢唐	定價：300元
08	論語的人生64個感悟	秦漢唐	定價：300元
09	法家智慧的人生99感悟	秦漢唐	定價：300元

先秦經典智慧名言故事

張樹驊主編沈兵稚副主編

01	《老子》《莊子》智慧名言故事	林忠軍	定價：240元
02	《孫子兵法》智慧名言故事	張頌之	定價：240元
03	《詩經》智慧名言故事	楊曉偉	定價：240元
04	《周易》智慧名言故事	李秋麗	定價：240元
05	《論語》智慧名言故事	王佃利	定價：240元
06	《孟子》智慧名言故事	王其俊	定價：240元
07	《韓非子》智慧名言故事	張富祥	定價：240元
08	《禮記》智慧名言故事	姜林祥	定價：240元
09	《國語》智慧名言故事	牟宗豔	定價：240元
10	《尚書》智慧名言故事	張富祥	定價：240元

三國文學館

01	三國之五虎上將關雲長	東方誠明	定價：260元
02	三國志人物故事集	秦漢唐	定價：260元
03	三國之鐵膽英雄趙子龍	戴宗立	定價：260元

經典中的感悟

莊子的
人生64個感悟

孫子的
人生64個感悟

三國演義的
人生64個感悟

菜根譚的
人生88個感悟

心经的
人生88個感悟

易經的
人生64個感悟

道德經的
人生64個感悟

论语的
人生64個感悟

法家智慧的
人生99個感悟

國家圖書館出版品預行編目資料

法家智慧的人生 99 個感悟 / 秦漢唐 主編--

一版. -- 臺北市 :廣達文化, 2016.11

面 ; 公分. -- （文經閣 經典中的感悟 09）

ISBN 978-957-713-585-5(平裝)

1.法家 2.人生哲學

121.6　　　　105020174

書山有路勤為經
學海無涯苦作舟

法家智慧的人生99個感悟

主　編：秦漢唐
叢書別：經典中的感悟 09
文經閣
出版者：廣達文化事業有限公司
Quanta Association Cultural Enterprises Co. Ltd
編輯執行總監：秦漢唐
發行所：臺北市信義區中坡南路 287 號 4 樓
電話：27283588　傳真：27264126
E-mail：siraviko@seed.net.tw
本公司經臺北市政府核准登記.登記證為
局版北市業字第九三二號
印　刷：卡樂印刷排版公司
裝　訂：秉成裝訂有限公司
上　光：全代上光有限公司
代理行銷：創智文化有限公司
23674 新北市土城區忠承路 89 號 6 樓
電話：02-2268-3489　傳真：02-2269-6560
一版一刷：2016 年 11 月
定價：300 元

書山有路勤為徑
學海無崖苦作舟

書山有路勤為徑

學海無崖苦作舟

文經閣